本を読んだ人だけが
どんな時代も
稼ぐことができる

千田琢哉

JN238923

宝島社

プロローグ

稼ぐ力＝気づく力《行動力》

ここ最近、年収やお金についての仕事の依頼が増えている。

書店の新刊コーナーにも、相変わらず年収やお金についての本が多い。

それだけ売れている証拠だし、年収やお金に興味津々の人が多いということの証明だろう。

日々面談しているサラリーマンたちは、「年収なんて上がらないのがあたりまえ」「毎月固定収入があるだけでありがたい」と異口同音にのたまう。

感謝の心が芽生えたのは大変よろしいが、からきし生命力を感じない。

小粒同士こぢんまりとまとまって、悟りの境地に達しているように見える。

この大変革期に、小粒同士が傷を舐め合って〝悟りごっこ〟している場合ではない。


悟るのは大粒になって、世の中に影響を与える存在になってからでも遅くない。

世の中に影響を与えるためには、仕事ができるようにならなければならない。

仕事ができるということは、稼げるということだ。

私よりたくさんのことを知っているサラリーマンは多いが、私よりたくさん稼げるサラリーマンはとても少ない。

これまで1万人以上のビジネスパーソンたちと面談を繰り返し、私自身の経験も踏まえた上で稼ぐ力について考えてみた。

その結果、義務教育を終えていれば誰でも理解できるとてもシンプルな方程式を導き出すことができた。

稼ぐ力＝気づく力^{行動力}

稼ぐ力とは、「気づく力」に「行動力」を累乗したものだ。

仮にあなたの現在の「気づく力」が2としよう。

とりあえず一度でも行動すると「稼ぐ力」は2^1＝2になり、2回行動すると2^2＝2×2＝4だから「稼ぐ力」は4に上昇する。

3回行動すれば「稼ぐ力」は2^3＝2×2×2＝8となり、10回行動すれば2^{10}＝2×2×2×2×2×2×2×2×2×2＝1024だ。

逆にあなたの「気づく力」が１００あっても、一度も行動しなければ 100^0＝１で「稼ぐ力」は最低ランクの〝1〟のまま、うだつの上がらない人生で幕を閉じる。

ウンチクばかり垂れて一歩も動き出さない臆病者が、まさにこれだ。

またあなたの「気づく力」が最低ランクの〝1〟のままでも、何回行動を繰り返したところで 1^∞＝１×１×……×１＝１だから「稼ぐ力」はずっと〝1〟のままの奴隷だ。

何も考えない猪突猛進タイプが、まさにこれだ。

「稼ぐ力」を向上させたければ、「気づく力」と「行動力」を向上させればいいことに気づかされるだろう。

「気づく力」を向上したければ、読書することだ。

読書すれば人類の無限の叡智に触れることができるから、気づきの連続だ。

「行動力」をさらに向上させたければ、やはり読書することだ。

読書すれば過去の偉人が果敢に挑戦したエピソードに触れることができるから、興奮のあまりつい動いてしまうのだ。

すでにお気づきのように、読書によって「気づく力」と「行動力」を向上させれば、あなたの「稼ぐ力」は青天井になる。

国家や世界を熱く語る前に、まずあなたの「稼ぐ力」を向上させることだ。

あなたが「稼ぐ力」を向上させれば、あなたの周囲に影響を与えることができる。

話はそこからだ。

本書ではこれまで私が読んできた本の中から、あなたの「気づき力」と「行動力」を向上させるきっかけになるであろう25冊を厳選した。

取り上げた25冊を見たあなたは、ちょっと拍子抜けするかもしれない。

「これであなたもラクラク稼げる」といった、いわゆる〝お手軽本〟がほとんど入っていないからだ。

「え!? どうしてこんな本が?」という本こそ積極的に選んだ。

「え!? どうしてこんな本が?」から気づいて動くことが、稼ぐことのスタートなのだ。

２０１３年11月吉日　南青山の書斎から　千田琢哉

第2章 独立・起業の不安を解消させてくれる本

第3章 投資の世界で生き抜くための本

第5章 お金持ちになるための素養が身につく本

第1章

お金の本質を教えてくれる本

©KO.FUJIWARA/orion/amanaimages

持てる者と持たざる者、人間社会の本質をむせるほどに突きつけてくる。

01

怒りの葡萄

大恐慌と重なる1930年代。大規模資本主義農業と天候不良で耕作不能状態に陥ったオクラホマ州の農民が生活苦に耐えかねてカリフォルニア州に移民する。しかし、そこでは多数のオクラホマからの移民が押し寄せており、苛酷な条件で日雇い労働に駆り出されるのだった。ジャーナリズム作品対象のピューリッツァー賞とノーベル文学賞を受賞した30年代アメリカを代表する長編小説。

著者　スタインベック
訳者　大久保康雄
定価　(上) 670円+税 (下) 670円+税
発売　1967年5月15日 (文庫版)
発行　新潮社

本書は1962年にノーベル文学賞を受けたジョン・スタインベックの長編小説であり、最高傑作だ。

舞台は1930年代、世界大恐慌真っただ中のアメリカ農村地帯。

自然災害による長期的な砂嵐で耕作不可能となった上に、農業のオートメーション化が重なって、大勢の小作農たちが長年住み慣れた土地を追い出されて彷徨《さまよ》い続ける。

追い出された小作農たちは大量にばら撒《ま》かれたビラを信じて、生きるために仕事を求めて家族と一緒に駆けずり回る。

生きるためというより、もはや飢えをしのぐためと表現したほうがいいだろう。

飢えをしのぐためであれば、小作農たちはどんな仕事にも殺到する。

藁《わら》にもすがる思いで集まった小作農たちは、ビラを撒いた人間から「残念ながら定員オーバーなので時給はこれだけしか払わない」という現実を突きつけられ、法外な低賃金で使い倒される。

ビラを撒くのは資本家とそれに準ずる人々であり、持てる側の人間だ。

撒かれたビラを見て都合のいいように利用されるのは、持たざる側の人間だ。

スタインベックは、「持てる者が悪で、持たざる者が善」とは書いていない。

いかに時代が変わろうと、持てる者と持たざる者に分かれるのは人間社会の本質であり、決してなくなることはないだろうという現実を淡々と繰り返し突きつけてくる。

それは冒頭（第二章）の「赤いペンキが光っている新しいトラックに乗る男」と「仮釈放中のヒッチハイク男」の出逢いから始まり、終盤に至るまで続く。

綺麗事《きれいごと》を抜きにすると、人間の本能として他人よりも自分は優位に立ちたい、しかもその状態を維持したいという願望がある。

だからこそ、我々の生活はここまで便利になったし、驚くほど快適にもなった。

持てる者と持たざる者、人間社会の本質を
むせるほどに突きつけてくる。

もう一度１００年前の生活に戻ることは、現実には誰も望まない。

持てる者が非人間的にならざるを得ず、時には冷酷に振る舞わなければならないのは、それが何よりも生きるためだからだ。

持たざる者が持てる者の管理下で身を寄せ合い、徐々に性格を歪めながら、いざとなったら命がけで反逆するのは、それが何よりも生きるためだからだ。

１９３９年にスタインベックが『怒りの葡萄』を発表してから、すでに70年以上が過ぎた。

世の中を見渡すと、本質的には何も変わっていない。

呼び方や表現方法は多少異なっても、相変わらず持てる者と持たざる者が明確に存在しているではないか。

ただ我々にとってありがたいことに、大きく進化したことがある。

持たざる者から持てる者への移動が、自分の意思でできるようになったことだ。

少なくとも我が国では、「持てる者コース」と「持たざる者コース」のどちらでも好きなコースを選ぶことができる。

「持てる者コース」では、「持たざる者コース」では非常識とされることが常識とされている。

「持たざる者コース」では、「持てる者コース」では非常識とされることが常識とされている。

いつの時代も「持たざる者コース」を選ぶ人のほうが圧倒的に多いため、多数決（たとえばストライキなど）となると「持てる者」は「持たざる者」に必ず負ける。

それが自然の摂理に則《のっと》っている。

なぜなら「持てる者」は放っておくと、究極は独裁者になってしまうからだ。

歴史を見れば明らかだが、行き過ぎた独裁者は最終的に殺害される。

持てる者と持たざる者、人間社会の本質を
むせるほどに突きつけてくる。

資本主義の現実から人間の本質を探る

「持たざる者」の数の力による〝反逆〟というチェック機能は、それが「持てる者」にとっていかに愚かに映ったとしても不可欠なのだ。

まるで〝砂嵐〟のようにこれでもかとドライに現実をつきつけてくるスタインベックの筆致は、ラストシーンで砂漠の中のオアシスを彷彿させてくれる。

流産したばかりの若い女が、死にかけた初老の男に本来生まれてくる赤ん坊に飲ませるはずだった乳をやるその姿に、私はスタインベックの神を感じた。

02

凡事徹底

著者は株式会社イエローハットを創業し大企業に育て上げた。40年間あまり掃除をやり続ける凡事の積み重ねこそが成功をもたらした経験から、平凡なことを非凡に努めることの大切さを説く。講演・対談をもとにし、自身の経験が豊富に引用されており、微差の積み重ねが大差となることなどためになる人生訓にあふれ、平成六年の発行以来、今も読まれ続けるロングセラー本である。

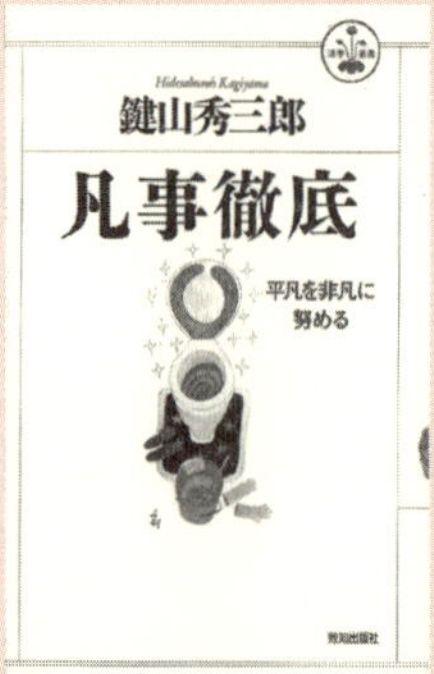

著者　鍵山秀三郎
定価　1000円+税
発売　1994年11月10日
発行　致知出版社

成功の方程式は、拍子抜けするほど
シンプルなものだった。

カー用品でお馴染みの「イエローハット」創業者による、シンプルだけど深い人生哲学書だ。

本書の出汁《だし》の一滴と著者の生き様は、タイトルの『凡事徹底』に集約される。

凡事徹底とは、簡単なこと、単純なことを極めていくということだ。

周囲が「そんなのあたりまえ」とバカにするようなことを、とことんやり抜くことだ。

著者は本書の冒頭でこう述べている。

「私を含めて世の中はだれでも、特別になりたい、人より頭一つでも抜きん出て特別な人生を送りたいと思っているわけですが、これは人間だけでなく、犬でも猫でもそうで、同類の中で特別でありたいというのが、動物の本能です。」（P13）

功成り名遂げた人物にこう言われると、ちょっと救われる。

もちろん、だから本能に任せて生きればいいと言っているわけではない。

本能を認めた上で、我々人間は成すべきことを成さなければならないと述べている。

著者は一代で東証一部上場企業を創り上げた起業家だから、綺麗事だけで終わるような甘えは決して許さない。

ビジネスでは何よりも成果を出さなければならないのだ。

そこで著者は「成果をあげる人とあげられない人の差」として、次の二つ述べている。

一つは、微差、僅差の積み重ねが大差となるということだ。

「私はもともとが愚鈍で、何の才能もなく、背景もなかったために、ほんのわずかでもいいことならばそれに取り組んできました。それが結果として、長い年月を積み重ねて大きな力になってきたわけです。」（P23）

selected book 02 : 凡事徹底

成功の方程式は、拍子抜けするほど
シンプルなものだった。

微差、僅差を積み重ねた結果、本書執筆時の１９９４年には年商６００億円に上り、かれこれもう10年以上新規開拓をしたことがないということだ。

もう一つは、一歩踏み込んで人を喜ばせるということだ。

「気づく人になるもう一つの条件は、『人を喜ばす』ことです。微差、僅差の追求よりもこちらのほうが大きな要素だと思いますが、たえず人を喜ばせる気持ちで物事をやる、人生を送る、毎日を送るということです。これを続けて一年たてば、本当に人が変わるぐらい気づく人間に変わってしまいます。」（P27）

日常のどんな仕事においても、常に依頼者の期待を１％でも超え続ければ、人が長蛇の列を成してあなたのもとにお金を運んでくるのは間違いない。

これは社内においても例外ではない。

どんな雑用においても、上司の期待を１％でも超え続ければ、いずれあなたは雑用を取り上げられて必ず出世する。

お金や地位はあくまでも「人を喜ばす」結果にすぎないということだ。

以上述べてきた「微差、僅差の積み重ねが大差となること」「一歩踏み込んで人を喜ばせること」は、継続しなければ成果はあげられない。

継続するコツはあるのだろうか。


「人間は打算があったら、どんなことでも続きません。十年も二十年も続かないのです。それから、打算があってやっていることは卑しく見えます。全部見えてしまうんです。私はこういう打算というものを考えずに今日までずっとやってきましたが、結果としては、世の中というのは実に公平にできているとつくづく思うのです。」（P31）

これは私がこれまで一緒に仕事をしてきた３０００人以上の経営者の中でも、とりわけ長期的な成功者たちが口を揃えて教えてくれたことと一致する。

その場しのぎの小手先のテクニックとか相手を巧みに陥れた手口というものは、

成功の方程式は、拍子抜けするほど
シンプルなものだった。

打算なく人を喜ばせ続けることを追求する

時を経て周囲に丸見えになる上に、確実に自分に跳ね返ってくるのだ。

これが揺るぎない「人生の方程式」なのだ。

最後に著者は「凡事徹底」の礎として、掃除の大切さを説いている。

著者は創業以来ずっと掃除を徹底し、掃除運動が全国に拡がった。

生涯かけて「整理整頓、掃除・清潔」を追求するその姿勢こそが、結果として人とお金が絶え間なく集まってきた真因なのだ。

03

お金をちゃんと考えることから逃げまわっていたぼくらへ

糸井重里と「お金儲けの神様」といわれた邱永漢の対談集。お金のために働くわけでないことを美徳としてきた日本人。実際には欲しいにもかかわらず、お金を見下すために真剣に向き合わず、かえってお金に翻弄されてきたのではないかと読者に提起する。糸井の軽妙な語りに邱永漢の豊富な経験が合わさり、お金の話を中心に人生、教育、商売、結婚など生きるための知恵が語られる。

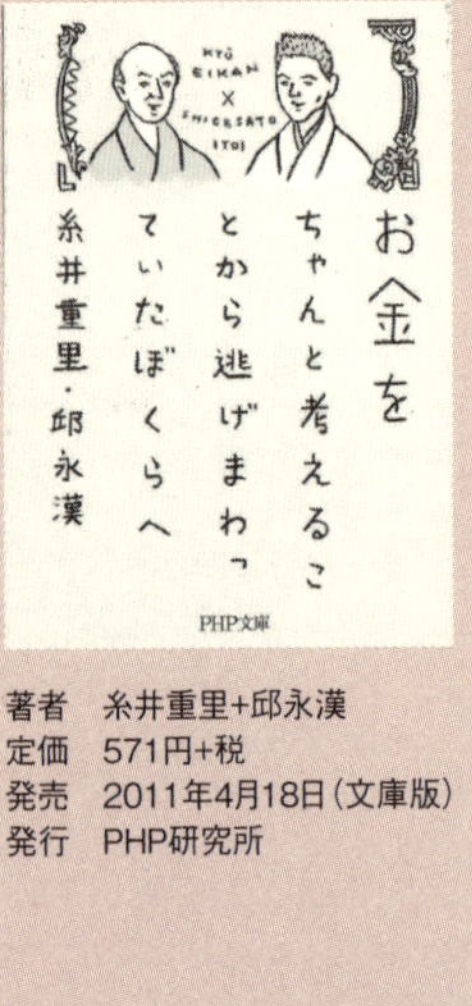

著者　糸井重里+邱永漢
定価　571円+税
発売　2011年4月18日（文庫版）
発行　PHP研究所

畢竟《ひっきょう》、お金のことを考えるということは、人間について考えることである。

コピーライターが「お金儲けの神様」に〝お金〟について質問していく対談本。テーマはお金のはずなのに、どんどん話が逸れて膨らんでいく。

不思議なことに逸れたはずの話はブーメランのように、また本題に戻ってくる。これが一流同士の対談であり、読む人に多くの気づきを与えてくれるのだ。

私はこれまで取材を受けたことや、取材をしたこと、対談の仲介に入った経験をたくさんしてきた。

その結果、こんな特徴があることに気づかされた。

分野の違う三流同士の対談だと、まったくお互いに話が噛み合わずに「やっぱり違いますね」というオチで終わる。

三流の経営者と三流の芸術家の対談だと、喧嘩になってしまうこともあった。

ところが一流同士の対談だと、お互いに敬意を払っているためか「分野は違っても本質は同じですね」というオチで終わる。

一流のスポーツ選手と一流の経営コンサルタントの対談だと、その後お互いに親睦を深めることも多かった。

お互いに違いを見つけて貶《けな》し合うのが三流の証で、お互いに共通点を見つけて認め合うのが一流の証だ。

こうした対談本からは対談の中身のみならず、対談の流れや雑談にこそ本質が潜んでいるものだ。

あなたも本書を読んだら、対談の中身以外からも気づきを得てもらいたい。

さて本書ではコピーライターが面白いエピソードを取り上げている。

「ぼくが幼稚園くらいの小さい頃、お金を口に入れてたんだけど、そしたら、おばあちゃんに過剰に怒られました。それは、すごくよく覚えてます。『お金は、いちばん汚いんだ！』と、それはもう、病原菌かなんかのようで……。何で汚いのかの理由は、『人の手から手に渡ってきたから、誰が触ったかわからないし何

畢竟、お金のことを考えるということは、
人間について考えることである。

がついているかわからない』ということなんだけど、それは、手で触っているし、手で触れる程度の汚さなんですよ。」（P40）

あなたにも同じ経験はないだろうか。

私にはある。

「お金は汚いもの」と幼少の頃に叩きこまれた価値観は、その後根強くインプットされてしまい、お金を遠ざける人生になりかねない。

台湾生まれで日本以外でも多数ビジネスを経験してきた「お金儲けの神様」は、これは日本独特の考え方ではないかと述べている。

「お金は汚いもの」という洗脳を解くために、「お金は信頼の結果であり、美しいものである」と上書きしたほうがいいようだ。

また「お金儲けの神様」は、「お金の流れは黄河みたいなものです」という名言を吐いている。

「お金の流れというのは黄河の流域みたいなものだから、しょっちゅう川の流れが変わるんですよね。川の流れがぜんぶ変わってしまって砂漠のようになっている場所でお金儲けをしようとしても、もう水も流れてない所で、魚釣りしているようなもんですから。魚がいないに決まっているんです。」（Ｐ81）

川の流れとは、チャンスの流れのことだ。
チャンスの流れは、人間の興味によって左右される。
「お金儲けの神様」に言わせれば、「商い」は「飽きない」だということだ。
人を飽きさせないように興味を惹かせ続けるのが、お金儲けの秘訣なのだ。
人の言動をよく観察することによって、チャンスの流れを洞察することができる。
そういえば「お金儲けの神様」は、直木賞作家でもあった。
作家とは人間観察力が鋭くなくてはやっていけない職業だ。

畢竟、お金のことを考えるということは、
人間について考えることである。

お金は信頼の結果であり、美しいものだとマインドチェンジ

「お金儲けの神様」は、人をよく信じ、人によくだまされた。
人一倍繊細な心の持ち主が人一倍傷つき、孤独に感情を反芻《はんすう》して人の心を打つ文章を綴っていくのだ。

本書の雑談の中で私が一番興味深かったのは、両者とも孤独の時間を長く確保していることだった。（P198）

「お金儲けの神様」に至っては、孤独になるために海外に居を移したという。
「お金儲けの神様」とは「人間観察の神様」と言い換えてもよさそうだ。

04

時差は金なり

本書は総合商社について一般社会に理解を深めてもらおうと1977年に書かれ、三菱商事の輸出入や開発などの事業を、実際に携わった社員を登場させ、物語仕立てで描いている。時差を超えて繰り広げられるニューヨーク、ロンドンなど世界の市場との駆け引きが満載。三菱商事自らが作った本だけに詳細な内実が挙げられ、商社のビジネスのやり方がきわめて具体的に表れている。

著者　三菱商事広報室
定価　950円
発売　1977年
発行　サイマル出版会

「知恵は金なり」へと脱皮を果たした、商人《あきんど》魂の原点。

本書は1977年に三菱商事広報室から出されたものだ。

現在本書は絶版で、図書館や中古本で入手して読むことになるだろう。

それだけの価値はある。

実は本書は三菱商事がより優秀な人材を集めるためのリクルート本だった。

当時マスコミに〝商社冬の時代〟と叩かれていた逆境を、何とか打破するために出版されたのだ。

結果は50万部のベストセラーになったというのだから、大成功だろう。

内容は総合商社を内側から実況中継する形を取っている。

〈森林開発〉〈原料炭開発〉〈非鉄資源の開発〉〈石油開発〉〈畜産事業〉〈コーヒー〉〈羊毛〉〈大豆取引〉〈運輸・保険〉〈資金調達〉〈みかんジュース〉〈自動車輸出〉〈空港建設〉〈外食産業〉〈技術知識班〉と広報室のメンバーたちが、靴を履き潰しながら取材を繰り返したのがひしひしと伝わってくる。

広報室のメンバーも、正真正銘の商社マンなのだ。

高度経済成長期の日本経済発展に多大な貢献をしてきた商社マンたちは、汗をかくことを厭わず、パイオニア精神に溢れていた。

実際にこの時代の商社マンには、高卒で活躍している人も珍しくなかった。それぞれの道で懸命に働く最前線の商社マンたちの名前、ニックネーム、時には出身校、身長や体重に至るまで登場するから感情移入して読み進められる。

特に私が印象に残ったエピソードは以下のようなものだ。

〈森林開発〉の商社マンたちは、現地の従業員たちのストライキが暴力沙汰にまで発展したり、赤道直下の暑さに加え毎日激しいスコールに襲われて仕事を中断したりしながらも、一歩ずつ任務を遂行させたという。

〈羊毛〉の商社マンの中には、反日感情が激しかったシドニーでタクシー運転手に「どこから来た」と尋ねられて、「日本」と答えたらその場で降ろされてしま

「知恵は金なり」へと
脱皮を果たした、商人魂の原点。

い、深夜トボトボと下宿まで歩いて帰ったこともあったという。

〈みかんジュース〉の商社マンは、クウェート空港に到着する機内で「ただ今、市内の気温は摂氏45℃になっております」というアナウンスを聞いた。

ヒルトンホテルに到着してシャワーを浴びようとCOLDの栓をひねったら、〝熱湯〟が出てきてヤケドしそうになったという。

〈資金調達〉の商社マンたちは、軽く50行を超える銀行に〝小口借入〟を積み重ねて、三菱商事という会社の売り込みに声をからした。

過労でダウンしたメンバーもいたほどの激務だったという。

〈技術知識班〉の商社マンたちは、「100万円でこれは何だ。金を返してほしい」「1ページで10万円ですか……」という言葉を浴びせられ、日本人に〝情報価値〟を説明することの難しさを痛感したという。

本書が最も注力しているのがこの〈技術知識班〉だということがわかる。

エピローグとして最後に取り上げられているという理由だけではない。

他の項がすべて15ページ前後でまとめてあるのに対し、〈技術知識班〉のみ26ページというボリュームになっているのだ。

本書執筆メンバーの一人がその後ハーバード・ビジネス・スクールに社費留学し、転職先の外資系戦略コンサルティング会社を一躍有名にして日本代表にまでなっている。

その後２０００年に独立起業し、２００５年に会社が東証一部に上場している。

これは偶然ではないと思う。

確かに20世紀のある時期までの商社は、「時差は金なり」で通用したと思う。

ところがもはや時差だけでは商社は生き残れないことを、広報室にいたからこそ、いち早く察知していたのではないだろうか。

本書はモノを右から左に動かしてマージンを搾取する時代が終焉を迎え、「時

「知恵は金なり」へと
脱皮を果たした、商人魂の原点。

差は金なり」から「知恵は金なり」へとシフトすべきだという警鐘だった。

商社に限らず、すべての職業の商人魂の原点が本書にあるのだ。
すべての会社にとって最大の資源は、何といっても優秀な人材である。
知恵を生み出し続ける限り、お金は必ずそこに群がってくる。
知恵があれば、何度地獄へ突き落されても這い上がっていくゾンビになれる。

お金は知恵を出し続ける人の元に集まる

05

【DVD版】THE SECRET

歴史上のあらゆる偉人が知っていた宇宙を貫くある法則を利用することで、健康、富、愛、幸福など自分の望みがかなえられることを謳ったDVDの日本語版。DVD版は世界で800万部、書籍版は2300万部も売り上げているという。実業家、作家、哲学者などの多数の出演者がその威力を語っている。荒唐無稽に思えるかもしれないが、実は多くの成功者に通じる発想法のようだ。

作者　ロンダ・バーン
定価　4200円+税
発売　2008年6月12日
発行　アウルズ・エージェンシー

脳は善悪の区別はつかない。イメージの強弱であなたの人生は創られる。

映画が原作を超えることは少ない。
だが『THE SECRET』は例外だ。
すでに原作を読んだ人がDVDを観ても、決して期待を裏切らないと思う。
それくらいよく仕上げられた作品だ。

ひと言でいえば、〝引き寄せの法則〟というものだ。
あなたに起こるすべての現象は、100%あなたが引き寄せている。

いいことを考え続けると、いいことが起こる。
いいことはすぐに起こりやすいから、今すぐいいことだけを考えてみることだ。
反対に悪いことを考え続けると、悪いことが起こる。
悪いことはすぐに起こりにくいが、蓄積されてドカンと襲いかかってくるから
なるべく悪いことは考えないことだ。
　どうだろう。

いろんな意味で驚いた人も多いのではないだろうか。

あなたの周囲で幸せそうな人は、こんな言葉を口癖にしてはいないだろうか。

「ありがとう！」「綺麗だね！」「すばらしい！」

その結果、幸せそうな人はその言葉通りの人生を歩んではいないだろうか。

それは幸せなイメージを脳内に強烈に刻み込んでいるからに他ならない。

幸せな言葉を発する瞬間、人は鮮明にその幸せな言葉に見合う自分自身をイメージしているのだ。

あなたの周囲で不幸そうな人は、こんな言葉を口癖にしてはいないだろうか。

「そんなのわかっているよ！」「ブス！」「あんなの全然たいしたことないじゃん！」

その結果、不幸そうな人はその言葉通りの人生を歩んではいないだろうか。

それは不幸なイメージを脳内に強烈に刻み込んでいるからに他ならない。

selected book 05 :【DVD版】THE SECRET

脳は善悪の区別はつかない。
イメージの強弱であなたの人生は創られる。

不幸そうな言葉を発する瞬間、人は鮮明にその不幸そうな言葉に見合う自分自身をイメージしているのだ。

我々の脳は主語認識ができず、「あの人は綺麗」とイメージすると、「あの人」はスルーして「綺麗」だけがインプットされる。

「あの子はブス！」とイメージすると、「あの子」はスルーして「ブス！」だけがインプットされる。

もちろん主語はいずれも「自分」にすり替えられる。

我々の脳は我々が想像している以上にとてもピュアで、善悪の区別はつかないのだ。

いいことも悪いことも繰り返し鮮明にイメージしたことだけを脳にインプットし、それが実現されるように全身の細胞に号令をかける。

勉強やスポーツ、仕事ですでにそれなりの実績を残したことがある人であれば、これはストンと腑に落ちるはずだ。

「やっぱり！」「その通り！」という感想を持つはずだ。

物事の本質を理解するのは、理屈ではなくいつも直感なのだ。

このＤＶＤも一度鑑賞すれば、すべて直感で把握できるようになっている。

だがそれ以前の問題として、タイトルや装丁などが生理的に受け付けない人も多いのではないだろうか。

特に理科系出身者や一流大学を優秀な成績で卒業したような学校秀才は、この種のタイトルや装丁を観た途端、「根拠は何ですか？」「納得できません」と言いたくなるだろう。

そんな人がいることも想定して、このＤＶＤでは世界的に活躍している科学者、哲学者、偉大な実績を残した実業家や作家たちが何度も登場して繰り返し解説してくれる。

脳は善悪の区別はつかない。
イメージの強弱であなたの人生は創られる。

幸福は幸せな言葉を発する人に引き寄せられる

ちなみに私自身のことを告白しておくと、小学生の頃から「宇宙の法則」という言葉をそこら中で言って顰蹙《ひんしゅく》を買っていた。

誰から教わったわけでもないが、「宇宙の法則」というものが確実に存在すると思っていた。

地球も私もペットの犬もすべて宇宙の一部なのだから、宇宙の偉大なリズムに合わせることが幸せになる最短コースではないかと、ぼんやりと信じていた。

小学生の頃から現在に至るまで、基本的な考え方は何も変わっていない。

第2章

独立・起業の不安を解消させてくれる本

Photoalto/アフロ

06

俺の空

週刊プレイボーイ連載でヒットしたコミック作品。日本屈指の大財閥の御曹司・安田一平は高校を2年で卒業すると、安田家の総帥になるべく家の掟「親族全員に認められる妻を1年以内に捜し出すこと」を成就するため波乱万丈の旅に出る。多くの女性と出会い、女性をめぐりハーレーを乗り回す無頼漢の武尊と競い合う日々。たびたび危険に遭遇する中で、一平は大人物に育っていく。

著者　本宮ひろ志
定価　619円+税
発売　1996年11月20日（文庫版）
発行　集英社

「これは漫画の世界」と
笑うことなかれ。これは現実だ。

本書は週刊プレイボーイに1976年1号から掲載されていた作品だ。

昭和時代の漫画である。

11巻〈刑事編〉あとがきには著者自身が〝マンガ成金〟を自称しているように、漫画の世界で文句なしに成功者である。

漫画の世界で成功したということは、出版の世界で成功したということだ。

書店で漫画コーナーの占める売場面積を思い出せば、一目瞭然だ。

著者はビジネスとしても成功を収めたのだ。

さて、あなたは何かに挑戦しようとした時、何に背中を押されるだろうか。

「この世の中にはとんでもない怪物がいるんだ」と知ることによって、背中を押されるのではないだろうか。

「世の中にはこんなにすごい人間がいる。それに比べて、自分は何てちっぽけなことで迷っているんだ？」

そう思った瞬間、人生のバンジージャンプをあっさり飛べるのだ。

私が迷わず独立できたのも、過去に読んだ本と出逢った人たちのおかげだ。

本の中にはたくさんの勇者が登場するし、出逢う人の多くが挑戦者だった。

だからサラリーマン時代から、独立というものをごく身近なものとして捉えていた。

本の中でも特に漫画は、ハチャメチャな登場人物が多かった。

「所詮、これは漫画の世界だから」と大人ぶるのは簡単だ。

ところが漫画の世界で描かれたことは、将来次々に実現されていく。

子どもの頃に壮大な宇宙船の漫画を読んで、その興奮が冷めないまま大人になった人が、大学院で宇宙工学を専攻して宇宙に飛び立つ。

子どもの頃に名医が次々に手術を成功させて人命を救っていく漫画を読んで、その興奮が冷めないまま大人になった人が、医学部に進んで名医になる。

「これは漫画の世界」と笑うことなかれ。
これは現実だ。

これらは珍しくも何ともない、ごく普通にあることだ。

人間がはっきりとイメージできたことは、すべて実現可能なのだ。

本書が大ヒットしたのは、漫画という自由な土俵で普段鬱憤が溜まっている人々の本音、願望をストレートにさらけ出したからだ。

主人公の安田一平は、本来なら嫌われ役のイケメン大金持ちの御曹司だ。

その上、頭脳明晰なのにバンカラ風で喧嘩も滅法強く、女にモテモテ。

にもかかわらず、読者は嫉妬するどころか安田一平に魅せられ、惹き込まれて応援している。

理由は簡単だ。

安田一平は迷わず執着を手放すからだ。

日本最大の財閥の跡取り息子にもかかわらず、破門を恐れずに自分の信念にもとづいて暴れまくる。

まっすぐなゆえに何度も誤解されて酷い目に遭ったのに、くどい言い訳はしない。

人生の節目で、お金も地位もあっさり手放す。

安田一平に人とお金がドッと群がってくるのは、次々に執着を手放していくからなのだ。

漫画の中の安田一平に人とお金が群がるだけではない。

『俺の空』の読者も漫画の中の安田一平が手放すたびに、『俺の空』の信者になっていく。

結果として、現実社会の『俺の空』という作品に人とお金が群がる。

すでにお気づきのように、『俺の空』の中にいる安田一平は、我々の現実社会にも生き続けているのだ。

『俺の空』は架空の話ではなく、現実の話なのだ。

「これは漫画の世界」と笑うことなかれ。
これは現実だ。

くよくよして迷ったら、休日に部屋に籠《こも》って『俺の空』を全巻読破すればいい。きっとあなたの背中を押してくれるはずだ。

最後に著者の作品には、「男と女」の本質についてもハッと気づかされることが盛りだくさんであることを付け加えておきたい。

一例として、第1巻「バージン調理法」P85の安田一平のこんなセリフがある。

「現代は男が腕力をふせた良識の上に女性上位とかウーマンリブみたいなものがあると思うね」（念のため本書は昭和時代の作品である）

07 （図解）非常識に儲ける人の1億円ノート

そのものズバリ、1億円を儲けるビジネスのノウハウを伝える本。失敗することを前提に、チャンスを確実に掴むべく、成功者の発想法や市場の見極め方、経営のノウハウ、組織論などを、豊富な事例をもとに解説している。図表やイラストが豊富で大変読みやすい。著者である「起業家大学」とは、メディアやメルマガなどを通じて起業家を志す人を支援するNPO法人。

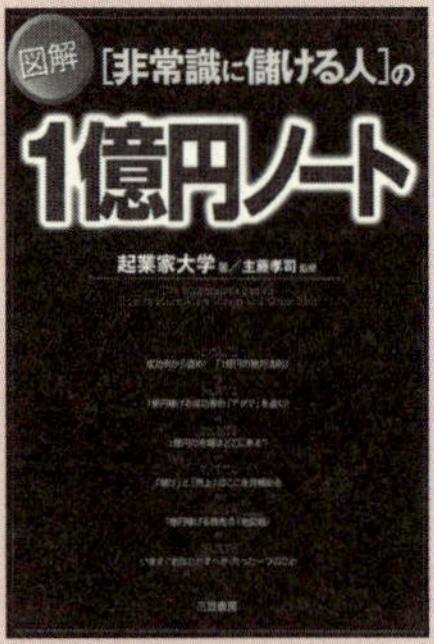

著者　起業家大学
監修　主藤孝司
定価　1000円+税
発売　2004年1月30日
発行　三笠書房

思わず「おいおい、ばらすなよ」と言いたくなる、お金持ちの頭の中。

本書の初版は2004年1月30日となっている。

私が過去10年間読んだ「お金儲け本」の中で、本書は最も優れていた。

2位以下に大差をつけてダントツだ。

これまで出版された良質なビジネス書のエッセンスを見開き完結型でシンプルにまとめ上げ、独自の豊富な事例を盛り込んだわかりやすい解説は圧巻だ。

会社勤めのサラリーマンコンサルタントの口からは絶対に出てこない、実際に壁にぶつかって乗り越えてきた人間による知恵の集大成だ。

これほどの内容ならいくらでも格調高くできるのに、あえてそれをしない本書には絶対の自信を感じさせる。

本気で独立して稼ぎたい人なら、本書を読んだらウズウズしてすぐにでも行動を起こしたくなるだろう。

「1億円」の定義には年収1億円、売上1億円、資産1億円と様々ある。

私は独立５年以内にトータルで年収１億円を稼げればいいのではないか、と少しゆとりを持って考えている。

初年度からいきなり年収１億円や５年後に年収１億円も不可能ではないが、挫折する人のほうが圧倒的に多い。

だがスタートから５年かけて１億円を稼ぐのは、そんなに難しいことではない。

本書の内容をきちんと理解して、自分の事業に落とし込んだ上で実行すれば、５年で１億円くらい稼げるものだ。

また５年で１億円稼げないようでは、独立した旨みはあまりない。

５年で年収１億円と聞くと、サラリーマンの発想だと「平均年収２０００万か」と早合点してしまう。

ところが初年度からいきなり年収２０００万稼ぐのは、サラリーマンで年収２０００万稼ぐのとはわけが違う。

selected book 07 : (図解)非常識に儲ける人の1億円ノート

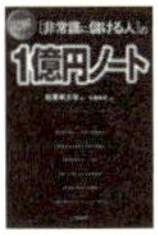

思わず「おいおい、ばらすなよ」と言いたくなる、
お金持ちの頭の中。

どちらが難しいという問題ではなく、競技がまったく違うのだ。

サラリーマンというのはありがたいことに、成果を出しても出さなくても毎月給料が振り込まれる。

成果を出さないと多少は上司に絞られることはあるかもしれないが、給料日になれば給料がちゃんと振り込まれている。

独立すると成果を出さなければ、収入はゼロだ。

否、正確には収入ゼロではなく、毎日赤字が積み重なっていく。

サラリーマン時代は意識しなかった、光熱費、通信費、コピー代、賃料、旅費交通費といった経費がすべて自腹になるからだ。

逆に独立すると、ドカンと稼ぐとそのまま収入に直結する。

サラリーマンの場合、いくらドカンと稼いでも、突然年収が10倍になることはまずない。

現実的には独立したら初年度は赤字を出さないことが大切であり、年収は３００万〜５００万くらいでスタートすることが多い。

もちろんこれは３００万〜５００万で十分ということではなく、上を目指せる人はどんどん上を目指すべきだ。

要はあなた自身の中で５年後には確実に１億円を稼げる見通しが立っていることが大切なのだ。


独立して成功する人の多くは、２年目から年収１０００万を超えており、３年目、４年目とうなぎ上りになっていく。


少し控えめな一例を挙げると、１年目３００万、２年目１２００万、３年目２０００万、４年目３０００万、５年目５０００万……というイメージだ。

実際にこれくらい稼げないようでは独立して生き残るのは難しいし、サラリーマンとして出世したほうが満足感を得られるだろう。

selected book 07 : (図解)非常識に儲ける人の1億円ノート

思わず「おいおい、ばらすなよ」と言いたくなる、
お金持ちの頭の中。

「お金がすべてじゃない」というのは正論ではあるが、お金の力はとても偉大であり、次々と不可能を可能にするのも事実だ。

周囲の成功者や私自身の経験を踏まえて言わせてもらえば、年収5000万、可処分所得にして3000万を超えると「お金がすべてじゃない」と心底思える。「お金がすべてじゃない」と腹の底から言えるために、さっさとお金を稼ごう。

1億円を稼ぐエッセンスが、本書には惜しみなく語り尽くされている。

✓ 5年後に1億円を稼げる見通しを立てる

08 フリーランスを代表して申告と節税について教わってきました。

税金の本、社会保険の本、法人化の本はあるが、本書は分野の枠を取っ払って、フリーランスや自営業者向けに社会保険、税金、必要経費の記帳、消費税、法人化、税務調査の初歩をレクチャーする。ライター兼イラストレーターの著者と税理士との対話形式なので読みやすい。青色申告など面倒くさそうで手が出せない人も多いと思うが、本書を読むと、そうした抵抗感が払拭されそうだ。

著者　きたみりゅうじ
定価　1400円+税
発売　2005年12月10日
発行　日本実業出版社

独立するということは、自分で確定申告をするということだ。

あなたは独立初日に何をしなければならないかご存じだろうか。

独立したいという人はとても多いが、実際に独立初日に何をするのか具体的にイメージできている人は少ない。

ほとんどのサラリーマンが何も考えず、ただ現実逃避に「独立」「独立」「独立」と40年間ずっと唱え続けているのだ。

独立初日はまず複数の申請書類を作成しなければならない。

金融機関に口座開設をして、毎日帳簿をつけなければならない。

お客様がお越しになられることもあるから、トイレ掃除や床拭きなどは基本中の基本だ。

今だから告白するが、私自身が独立で最も不安だったのはお金儲けではない。

事務処理能力が不安だった。

冗談ではなく、独立してから最初の１週間は事務処理の多さに圧倒される。

サラリーマン時代は出張精算が遅れれば、経理部から催促の電話があった。年末調整の書類提出が遅れれば、総務部から催促の電話があった。税金の計算はすべて会社が勝手にやってくれた。

サラリーマン時代に自分がどれだけ多くの人たちに支えられていたのかが、心から感謝できるようになる。

それだけでも独立する意味があると思う。

なかでも経理に関しては、毎日わずかな時間でいいからコツコツ処理しておくことが望ましい。

領収書やレシートを山のように溜め込んでいる人がいるが、必ず処理しなければならない日がくるし、そもそもそれでは本業に集中できないだろう。

ほとんどのサラリーマンは、経理処理の集大成である確定申告を経験したことがないと思う。

フリーランスを代表して
申告と節税について
教わってきました。

独立するということは、
自分で確定申告をするということだ。

だが独立するということは、自分で確定申告をするということなのだ。

確定申告とは、1年間経営してきた自分自身への通信簿だと考えればいい。通信簿である確定申告は、あなたの1年間のがんばりの集大成だから、逃げることはできないのだ。

面倒くさそうだからと後回しにし続けて、3月の締め切り間際に初めて確定申告しようものなら、書類の複雑さに頭がパニックになるのは間違いない。

そこで独立3日前でもいいから本書を一読しておけば、鬼に金棒である。

著者自身が現役のフリーランサーであり、現役の税理士との対話で成り立っているのがすばらしい。

右も左もわからないフリーランサーという設定で、税理士にごく初歩的な質問を繰り返していきながら、とてもわかりやすく確定申告と節税のカラクリを教えてくれる。

初版は２００５年12月10日発行となっているが、現在まで増刷がかかり続けているロングセラーで信頼もできる。

私がこれまで読んできた確定申告本の中でも、本書のデキは群を抜いていた。毎年のように税制改正が実施されているから、当然のように古くなっていく部分もあるだろうが、それは他の書籍もまったく同じだ。

細部に至る変更は、確定申告書類に「変更点」として目立つように記載されているから、現実問題として気にする必要はないだろう。

大切なことは、大分類の把握である。

税務署の役割や納税者の役割といったことが、建前ではなく本音で理解できるようになる。

「そうそう、まさにそれが知りたかった！」という痒いところに手が届く本だ。

せっかくなので、一例を挙げよう。

selected book 08 : フリーランスを代表して申告と節税について教わってきました。

独立するということは、
自分で確定申告をするということだ。

・領収書は額面15%の金券なのだ（P81）
・ぶっちゃけどこまでが必要経費？（P94）
・法人ってナニがいいのよ？（P196）
・調査はある朝突然に…（P206）
・調査は実際のところどんな感じ？（P209）

本書に登場する〝ぶっちゃけ税理士〟が、懇切丁寧に教えてくれる。

☑ 確定申告がスムーズに出来てから初めてフリーランスといえる

09

10日で合《う》格《か》るぞ！日商簿記3級 光速マスターテキスト

初心者が10日間で帳簿記入や財務諸表の基礎である日商簿記3級に合格できることを謳った資格学校・LECによる学習書。八百屋の源さんを主人公にイラストを多用した126の実例に基づいて解説していることが特徴で、学習書とはいえ頭に入りやすい。商取引の具体的ケースから入っていくため応用が利きやすく、実務的でもある。Webによる無料映像講座も用意されている。

著者　東京リーガルマインド
定価　950円+税
発売　2009年4月30日
発行　東京リーガルマインド

簿記3級に合格しておくと、経理に関するコンプレックスは解消される。

最近は経理のカラクリを何も理解していなくても、数値を打ち込むだけで日々の帳簿作成や確定申告書類が出来上がる便利なソフトが生まれている。本業に集中するためにも、税理士の顧問料削減のためにも、便利なソフトを活用したほうがいいと思う。

だが私は独立するあなたには、ぜひ簿記3級の受験をしてもらいたいと思う。日本マクドナルド創業者である故・藤田田は、「社会人として簿記3級は必須能力である」と述べていた。

簿記3級では個人事業主の財務諸表を自力で作成できる能力を問われる。**財務諸表を自力で作成できるということは、財務諸表を読むことができるということだ。**

少し前に財務諸表本ブームがあったが、手っ取り早く財務諸表を理解しようと思ったら、簿記3級に合格しておくことだ。

もちろん財務諸表本は役立つし面白いが、簿記３級に合格しておけば、より深くそれら財務諸表本を読むことができるし応用できる。

それどころか実際に様々な会社の財務諸表を見ても、抵抗がなくなる。税理士の言葉がまるで宇宙人の言葉のように聞こえていたのが、ぐんと理解が深まる。

実際にお金の流れがきちんと把握できるようになり、会社がどのように経営されているのかが客観視できる。

何も理解せずにただひたすら数値を打ち込んで確定申告を乗り切る人と、きちんと財務諸表を把握して日々経営している人とでは安定感がまるで違う。

もちろんあなたが独立して会計事務所を開くわけでもない限り、経理の専門家になる必要はまったくない。

だがお金の流れを把握するという意味において、簿記３級は必須なのだ。

selected book 06 : 10日で合格《うか》るぞ!日商簿記3級 光速マスターテキスト

簿記3級に合格しておくと、
経理に関するコンプレックスは解消される。

現在では参考書やインターネットによる情報も随分発達して、１ヶ月もあれば必ず合格できる力をつけられる。

私も独立初年度に女子高生に交ざって簿記３級を受験した。

本当にいい経験だった。

準備のために大手書店で簿記３級に関する参考書をひと通りチェックしたが、一番わかりやすくてサービスも充実していると判断したのが本書だった。

イラストと解説が卓越している上に、Ｗｅｂ上で解説講義を何度でも見ることができた。

会員登録すると掲示板の中で講師が質問に応じてくれた。

時間があったのでテキストに応じた問題集もやっておいたから、本番には余裕を持って臨めた。

今でも手もとに本書を置いて忘れかけた知識を補強することもある。

「租税公課って何だったかな？」「減価償却の直接法と間接法の違いとは？」「この場合、約束手形の名宛人となるのは誰かな？」といった初歩的な確認をするのにとても助かる。

テキスト選びで大切になってくるのは、何といっても相性である。事前にインターネットで情報をゲットした上で、実際に自分で書店に足を運んで手に触れてから決めるのがいいだろう。

本書と似たようなテキストは他社からも複数出ているから、自分で見比べて決めることだ。

少し古いものであれば、Ｗｅｂ講義や模擬試験のダウンロードといったサービスも終わっている可能性がある。法や制度は本当にコロコロ変わるから、できるだけ新しいものを購入したほうがいいだろう。

簿記3級に合格しておくと、
経理に関するコンプレックスは解消される。

私自身がそうであるように、受験のために使用したテキストはその後もずっと使い続けることができる。

なぜなら勉強中にラインを引いたり、付箋を貼ったり、手垢をつけたりした本は自分の分身ともいえる相棒になっているからだ。

目次なんて見なくても、何がどこに載っているのかわかる存在はありがたい。

経理コンプレックスがなくなると、驚くほど本業に没頭できるのだ。

お金の流れを理解するために簿記3級は必須

10

eに賭ける

ネットエイジ、サイバード、楽天、サイバーエージェント、ディー・エヌ・エーというネットビジネスの起業家５人のインタビューをもとに作られた本。本書が出版されたのは２０００年で、インターネットが普及して日が浅く、ビジネスとしての可能性も一般的には未知数だった。当時の起業家の思いに今あらためて触れることは新しい分野を開拓する人にとって示唆に富むはずである。

著者　中谷彰宏
定価　1500円+税
発売　2000年7月6日
発行　ダイヤモンド社

輝き続ける成功者たちの13年前に、
タイムスリップしよう。

「今どき『eに賭ける』って……」と笑った人は、ぜひ本書を手にとって読んでもらいたい。

本書の初版は2000年7月6日となっている。

今から13年前に出版されたものだ。

本書の中には、三木谷浩史、藤田晋、南場智子……といった、今では誰もが知る成功者が名を連ねてインタビューを受けている。

しかもかなりのボリュームだ。

あたりまえといえばあたりまえだが、13年前はまだみんな20代、30代だった。

なかにはあなたと変わらない、もしくは年下の経営者がいるかもしれない。

どこか遠くの成功者に対しては、「別世界の人」と最初から諦めがつく。

「年上だし、負けてあたりまえ」

「時代が時代だし、たまたま運が良かっただけだよ」

そう自分を納得させて、動き出さなくてもいい理由をつくることができる。

しかし成功者の若い頃を知ると、「身近な人」に感じると同時に「俺もこうしてはいられない」と熱くならないだろうか。

私は熱くなった。

楽天・三木谷社長の熱い言葉。

「大企業の社長になった時に、それが本当に幸せなのかどうか。あるいは自分で果敢にビジネスにチャレンジして失敗しましたと言った時に、どっちが自分としては満足いけるか。そう思ったら、チャレンジすることだ。みんなは僕のことを『リスクテイカー』だと言うんです。けれども、僕は後悔というリスクがリスクとしてはいちばんでかいと思うわけです」（Ｐ１６２）

確かに「やっちゃった」後悔なら、きっと死に際に「ありがとう」と感謝しながらニッコリ笑える。

輝き続ける成功者たちの13年前に、
タイムスリップしよう。

だが「やらなかった」後悔は、「残念、無念……」と歪んだ顔をして、死んでも死にきれないのではないだろうか。

この世に生まれて、この世に生きた証とは、「やっちゃった」後悔をどれだけするかなのだ。

サイバーエージェント・藤田社長の熱い言葉。

「目を輝かせていたやつが、だいたいつまらなそうな顔をして『SPA!』の『僕らのサービス残業』という記事を読んでるんです。そういうのはイヤだというのが漠然とあった。しかも、30歳になってカッコよく生きるとか言ってもしょうがない、20代の一番生き生きとしている時にカッコよくやりたいというのが基本にあった」（P195）

わかりやすく言うと、20代で1億円手にするのと、60代で1億円手にするのとでは雲泥の差だ。

その意味はまるで違う。

20代で1億円分の勉強をすれば、残りの人生で最低でもその数倍や数十倍は稼ぎ続けられるだろう。

60代で1億円手にしたところで、ちょっと家を増改築して、旅行に行って、残りを子や孫に残して、ごっそり相続税をふんだくられておしまいだ。

これを読んでもピンとこない人は、年齢的にはともかく、精神的にはもう立派なオジイサンやオバアサンだ。

逆にこれを読んで熱くなった人こそ、挑戦者なのだ。

みんなが挑戦者である必要はまったくない。

ディー・エヌ・エー・南場社長の熱い言葉。

「So-netの山本泉二《せんじ》氏に『インターネット・オークションは絶対当たるから、ぜひやってください』と提案しました。

輝き続ける成功者たちの13年前に、
タイムスリップしよう。

成功者の若い頃を知れば熱くなれる

『そんなに熱く語るなら、自分でやりなさい』と言われた。
『目の前の仕事を一生懸命やるタチなんで、人にアドバイスをする職業に徹して、いろいろ言っていたんですよ。そうしたら、やりなさいと言われて、待ってました！という感じですね』」（P269）

一流コンサルタントの共通点は、「やってみろ」と言われて引き下がらないことだ。

挑戦者にとって自らやってみることは、人生のすべてなのだから。

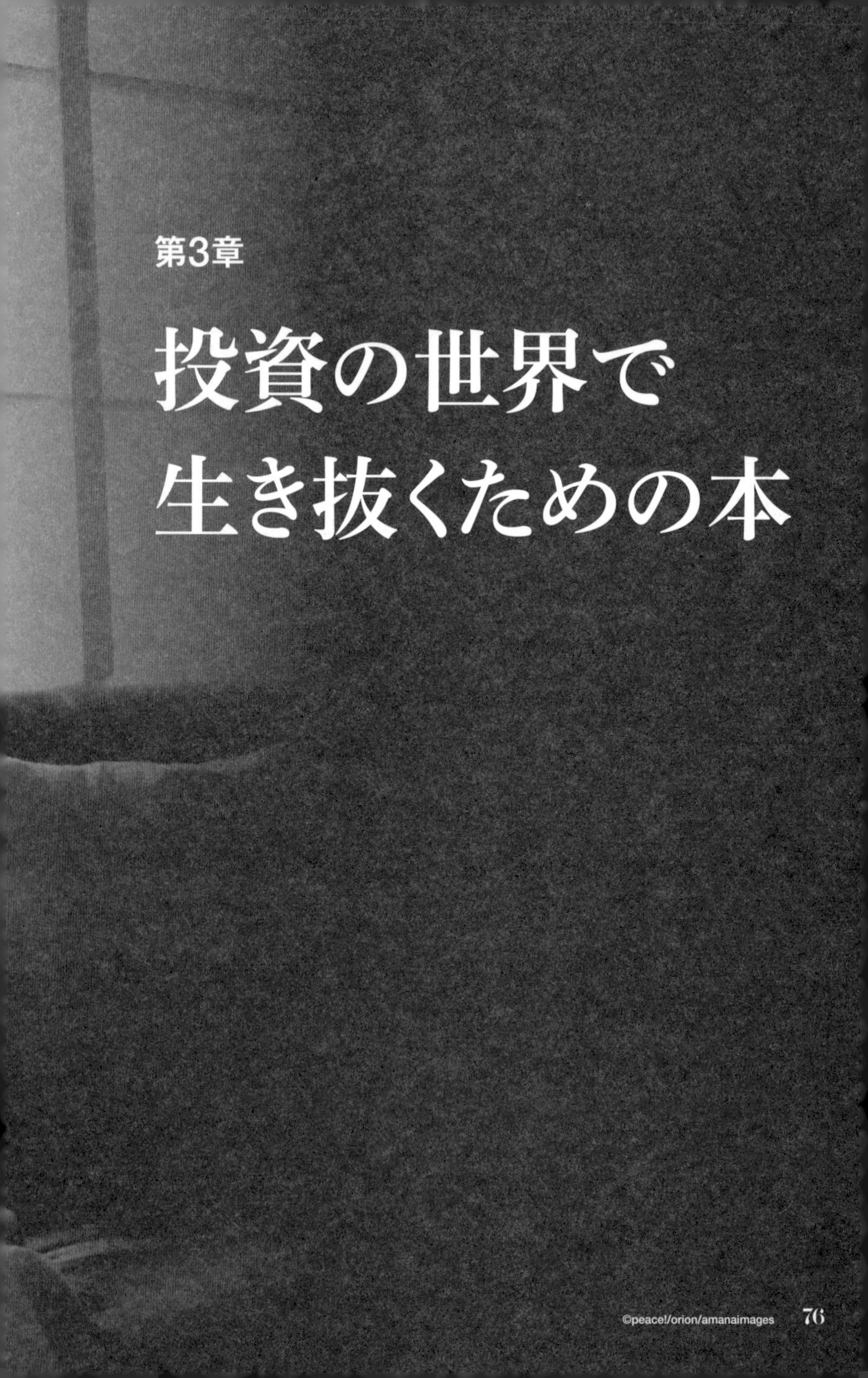

第3章

投資の世界で生き抜くための本

©peace!/orion/amanaimages

11 ネクスト・ソサエティ

若年人口の減少、労働力人口の多様化や、それらに引き起こされる雇用やマネジメントの変容など、すでに始まった〝新しい社会〟の到来が持つ意味を解説する。新しい社会においては、従来のように経済が社会を変えるのではなく、社会が経済を変えるとし、新しい社会に備えることなくして成功はありえないと主張する。著者はマネジメントの大家といわれた世界的に有名な経営学者。

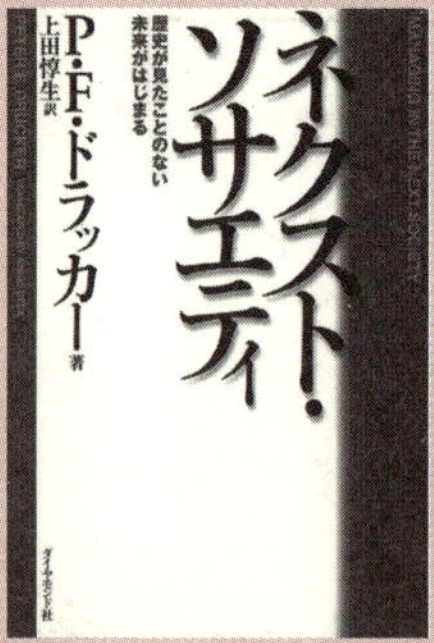

著者　P・F・ドラッカー
訳者　上田惇生
定価　2200円+税
発売　2002年5月23日
発行　ダイヤモンド社

予測結果を鵜呑みにするのではない。予測のプロセスを学ぶのだ。

ドラッカーは20代前半までに、世界大恐慌に遭遇し、ヒトラーを直接取材し、ユダヤ人教員としてナチスから即日解雇……といった数々の経験をする。

これらの経験が彼の人間観察眼を研ぎ澄ましていったのは、ほぼ間違いない。

ドラッカーの著書すべてにおいて共通することは、冷徹な分析と提言に加えて、常にどこか希望とぬくもりを感じさせることである。

本書は2002年に出版されたドラッカーによる未来予測の書である。

今から11年前となると、予測がどのように当たったのか、あるいは、外れたのかがよくわかる部分も出てくる。

重要なのは、いかにドラッカーが外したのかを見つけて小躍りすることではない。

ひたすら当たった部分のみを取り上げて、ドラッカーを神聖化することでもない。

ドラッカーの予測のプロセスを学ぶことだ。

それによって、あなた自身が〝これから〟を読む訓練をすることができるはずだ。

結果として本書から学んだことは、投資の世界はもちろんのこと、あなた自身の人生全般に活かすことができるだろう。

ドラッカーの未来予測には、人口変動についての視点が欠かせないようだ。

これはドラッカーの他の著書を見ても明らかなように、一に人口、二に人口、三、四がなくて、五に人口というくらいに、判断基準となると人口の話題が増える。

ドラッカーは、人口について本書でこんなことを述べている。

「人口構造の変化こそ、ネクスト・ソサエティにおいてもっとも重要な要因であるだけでなく、もっとも予測しがたく管理しがたい要因である。」（P18）

人口構造の変化を予測しようとする姿勢は必要だし、諦めるべきではないが、

予測結果を鵜呑みにするのではない。
予測のプロセスを学ぶのだ。

コントロールできるとまで思い上がってはならないということだろう。

学者の理論がことごとく外れ続けるのが、この人口変動なのだ。

またドラッカーの著書には、変化についての言及も非常に多い。

本書でドラッカーは変化についてこう述べている。

「それでは、われわれが気づいてさえいない未来の事象や流れとして、いかなるものがありうるか。ここで自信をもって予測できることは、未来は予測しがたい方向に変化するということだけである。」（P64）

「われわれは二〇三〇年の社会が、今日の社会とは大きく違い、しかも今日のベストセラー作家たる未来学者が予測するいかなるものとも、似ても似つかないものになることを予感している。」（P67）

『方丈記』（著・鴨長明）のコンセプトである〃無常〃と同じことを述べているように私には思える。

〝無常〟とは「この世のすべては、永遠に変わり続けていく。始まりも終わりもない」という意味だ。

つまりいかなる理由があっても容赦なくこの世のすべてが変化し続けるのだから、サバイバルする方法は次の二つということになる。

「変化をマネジメントする最善の方法は、自ら変化をつくりだすことである。」（P63）

それができなければこうすることだ。

「全員が、変化を脅威でなくチャンスとして捉えるようになることである。」（P63）

いずれにせよ変化から目を逸らす者、変化から逃げる組織に未来はないという厳しい現実をドラッカーは突きつけている。

「働かざる者食うべからず」ならぬ、「変わらざる者生きるべからず」というこ

予測結果を鵜呑みにするのではない。
予測のプロセスを学ぶのだ。

となのだろう。

最後にドラッカー流の変化の目利きの仕方を公開しておこう。

「変化を観察することである。しかもあらゆる世界を見ていくことである。そして、それらの変化が本物の変化か、一時の変化か、自分たちにとってチャンスかどうかを考えていくことである。見分け方は簡単である。本物の変化とは人が行うことであり、一時の変化は人が言うことである。話にばかり出てくるものは一時のものである。」（P135）

変化の目利きにおいてこれ以上のアドバイスが、果たしてあるのだろうか。

世の中の変化を見抜けば、さらに見えてくるものがある

12

バフェットとソロス 勝利の投資学

まるでタイプの違った世界を代表する二人の投資家。バフェットは優れた事業を行う会社の株を割安な水準で買い、半永久的に保持することで、ソロスはファンドでの積極的な投資・投機活動を通じて、ともにゼロから出発して数十億ドルの富を築いた。二人に共通する23の習慣を摘出し、著者自身の成功体験からそれらの習慣を一般投資家が用いて成功する方法を平易に説いた本。

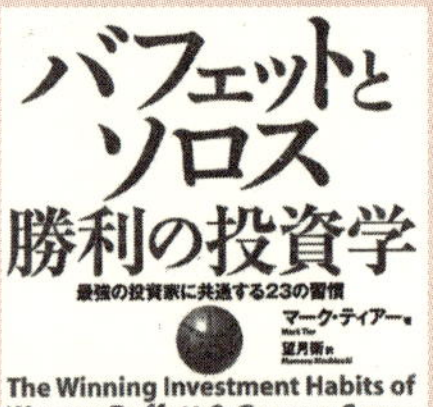

著者　マーク・ティアー
訳者　望月衛
定価　1800円+税
発売　2005年9月29日
発行　ダイヤモンド社

バフェットとソロス。究極の矛盾を一体化させようと挑んだ名著。

最初にお断りしておくが、バフェットとソロスは資産をゼロから築き上げた投資家であり、相続による資産から出発していない。

二人ともゼロからスタートして、日本円に換算して数千億円、数兆円といった富を一代で築き上げた。

バフェットが事業内容で優良と判断した会社の株を長期保有するのを好むのに対し、ソロスは通貨・先物市場で大規模かつレバレッジの利いた大胆な取引を好んだ。

投資の世界において対極ともいえる二人から、何とか共通点を見つけ出そうと試みたのが本書である。

本書の初版は2005年9月29日となっている。

そのためソロスはすでに投資から引退しているなど、当時の状況と比べて変化はいくつかある。

それでも圧倒的な実績を残したこの二人から、我々が多くに気づかされること
に変わりはない。

本書で私がハッと気づかされたポイントをいくつか挙げておこう。

「成功する投資家たちが市場の次の動きに依存することはない。つまり、バフェットもソロスも、マーケット予測を信じたら破産すると真っ先に認めるだろう。市場の予想は投資レポートや投資信託の売り込みのパンとバターであって、投資で成功するためのものではない。」（Ｐ15）

圧倒的多数の人たちがマーケット予測や投資のグルの発言を鵜呑みにして、右往左往している。

その結果、予測が外れると全員揃ってバンザイだ。

マーケット予測を鵜呑みにせず、自分の判断基準に従って行動したごく少数の人間が利益を総なめする。

バフェットとソロス。
究極の矛盾を一体化させようと挑んだ名著。

これは投資の世界に限らず、人生をサバイバルするための偉大な教訓になるのではないだろうか。

「ウォーレン・バフェットとジョージ・ソロスはともに、損失を避けることに熟練しているからこそ世界で最も成功した投資家なのである。バフェットも言っている。『厄介なことから抜け出るよりは、最初から近寄らないほうが簡単だね』」（P35）

これは実によく理解できる。

私がこれまで出逢ってきた長期的な成功者たちは、揃いも揃って大きなリスクが大嫌いだった。

率直に申し上げて、臆病者が多かった。

根っからの臆病者だからこそ、一世一代の大勝負には細心の注意を払い、あえて大胆に振る舞っていた。

織田信長も、捨て身の奇襲攻撃は桶狭間の戦い以降一度も行っていない。

大切なのはリスクを恐れずに猪突猛進であることではない。

リスクを回避するためになら何でもするという姿勢があってこそ、ここ一番の勝負に挑むことが許されるのだ。


「ウォーレン・バフェットの言葉を借りよう。『自分の土俵ということについて一番重要なのは、土俵がどれだけ広いかではなく、土俵の円をはっきり描くことだ』」（Ｐ１５２）

投資の世界においても、人生においても、自分の分を知ることは大切だ。

自分が理解できもしないことを、知ったかぶりで手を出すと痛い目に遭う。

バフェットもソロスも国際株式市場という大海においては、自分は一頭の鯨にすぎないことをよく知っている。

小魚の分際で、大海のすべてを知った気になるような愚か者ではないのだ。

バフェットとソロス。
究極の矛盾を一体化させようと挑んだ名著。

間違いを認める素直な姿勢が成功への扉

最後に私がとりわけ感銘を受けた二人のメッセージを、あなたに贈りたい。

ジョージ・ソロス：「私が確かに人より優れている点は、私が間違いを認められるところです。（中略）それが私の成功の秘密なのです」（P196）

ウォーレン・バフェット：「大きな間違いを避けられるならば、投資家がやらなければならないことなど、あとほんのいくつしかない」（P196）

間違いを認めて直ちに正す姿勢こそ、勝ち続けるための必要条件なのだ。

13

悪魔のサイクル

日本のあらゆる業界にはびこる「前へならえ」「常識的に」などの“寄りかかり思考”を批判し、独創性とチャレンジ精神を獲得する生き方をアドバイスする。経営コンサルタントとして名高い著者が大手メーカーを辞めてまもない時期に執筆。当時の日本の企業体質やそれになじめない自身のことがふんだんに描かれ、読み物としても楽しい。40年前の本だが、古さを感じさせない。

著者　大前研一
定価　280円（発売時）
発売　1988年5月25日（文庫版）
発行　新潮社

「大前研一」という銘柄の原点から学ぶ。

本書は大前研一の処女作である。

著者がＭＩＴの博士課程を終えて日本に帰ってきた際に、27、8歳で日々の鬱憤を日記として綴っていたものが本書の原文だという。

日立製作所のサラリーマンだった著者が、この後世界的な経営コンサルタントとして活躍し、国内外で大きな影響力を持つ存在になることは、まだ誰も予想できなかっただろう。

本書を通して「大前研一」という世界的銘柄の原点から、多くを気づかされるのは間違いない。

冒頭はこんな一文で始まる。

「それは、太平洋を望む鉄筋五階建て独身寮の食堂の壁に、まるで蜘蛛《くも》の巣のようにへばりついていた。」（P19）

そのへばりついていたものとは、寮規則のことだ。

これを読んだ私は、すぐに最初に就職した損害保険会社の独身寮の食堂を思い出した。

もう何十年も前から貼り付けられていたのであろう寮規則は、すっかり黄ばんでいた。

著者と違ったのは、私はその黄ばんだ紙を遂に一度も読むことがなかった点だ。

冒頭で寮規則について触れた著者は、次ページでいきなり結論を述べる。

「かくて私は、会社における数年間から次のような結論を抽《ひ》き出すことができた。問題とは『よりかかり』の思想であったと。」（P20）

国に「よりかかり」、会社に「よりかかり」、他人に「よりかかり」、これから先日本は「よりかかり」によって行き詰まるだろうという仮説を打ち立てている。

40年以上前に20代のある一人の若者が打ち立てたこの仮説は、まさに的中しているといえよう。

「大前研一」
という銘柄の原点から学ぶ。

「よりかかり」でタイタニック号の如く沈没していくことを避けたいと考える、とりわけ優秀な人材は組織から距離を置くフリーエージェントとして自由自在に働く道を選ぶようになっている。

「よりかかり」が度を過ぎた組織は容赦なく消え去り、追い出された人々は藁にもすがる思いでまた「よりかかり」の場を探して負のスパイラル人生に入り込む。

この「よりかかり」は、生後まもなくして刷り込まれ始めていると著者は述べる。

「授乳が肉体的な、いわば世俗化の第一ラウンドとすると、添い寝は精神的な『よりかかり』の事始めと言うべきか。」（P52）

添い寝から「よりかかり」の洗脳が始まり、幼稚園からの早期教育、小学校の「前へ倣《なら》え」、中学校の「制服」、高校のペーパーテスト、高校卒業後の浪人、大学のリハビリテイションを通して社会に出ることになるというわけだ。

社会に出たら出たで、同じ釜の飯を食う仲間意識を植え付ける新入社員教育、結婚式産業によりかかった結婚式、「神なき社会」の奇妙な集団、「程ほど人間」を量産するサラリーマン社会で「よりかかり」度合いをより強化していく。

かくして、国までもが完璧な「よりかかり」体質になってしまったというのだ。

「戦後三十年間におよぶ安保体制の中で、一億人の国が太平洋を隔てた二億人の国に完全に『よりかかる』さまを知らない人はいないだろう。ところが最近になって、かかる意味での『よりかかり』の終焉《しゅうえん》をいよいよ知らされることになった。ただし、この終焉、みずから一本立ちを叫んで努力した結果ではなく、よりかかっていた大樹である欧米のほうの地盤があやしくなってきたせいである。」（P208）

もちろん著者は国を批判して終わるような評論家ではない。

国を批判して終わるだけでは、それこそ「よりかかり」人間の代表になってし

「大前研一」
という銘柄の原点から学ぶ。

まう。

「国とか企業とかの挙動の問題点を外から抽出し、議論してもはじまらない。むしろ構成員一人ひとりの生い立ちにまでさかのぼって追求してみなくては、問題のほんとうの解決はない、と私は思ったのである。構成員一人ひとりが見事に『よりかかり』の人生を驀進《ばくしん》しているときに、その集合体が突如として自立の方針を打ち出して遂行してみせるというのも、すこぶる非現実的であろう。」（P208）

著者は40年以上前から、本質的に同じことを繰り返し述べていたのだ。

「よりかかり」の人生からまず抜け出す

14

ももたろう

「ももたろう」は日本の代表的なおとぎ話として数多くの出版社からいろんなストーリーの童話本として発売されており、近年では「ももたろう」を悪者扱いしたり、意地悪く扱った本も存在する。本書は「ももたろう」の決定版として、文、絵とも、あるべき姿を追求して作り上げた定評の高い一冊。子ども向けの本ながら日本人としてもう一度おさらいしておきたい内容である。

文　松居直
画　赤羽末吉
定価　1100円+税
発売　1965年2月20日
発行　福音館書店

本当は〝きびだんご〟なんて要らなかった。

童話『ももたろう』はシンプルだけど、とても深い話だ。

主人公である桃太郎は、最終的に鬼たちから金銀財宝を差し出され、お姫様を連れて帰っている。

桃太郎は完璧な〝勝ち組〟人生でハッピーエンドだ。

では桃太郎の初期投資は何だったのだろうか。

〝きびだんご〟と〝実力〟だ。

厳密にはきびだんごはあってもなくてもどちらでもよかった。

きびだんごは郷土の銘菓をこしらえるための〝おまけ〟のようなものだ。

だがきびだんごをでっち上げることによって、実際に銘菓になったわけだから、その意味では作者は郷土に貢献したといえる。


ここで少し冷静になって考えればわかるが、だいたい鬼という恐ろしいものを退治に行くのに、犬・猿・キジたちはきびだんご程度で自らの命をかけるわけに

はいかないのだ。

サラリーマン社会でいえば、「ランチをおごるから、今すぐ会社なんて辞めて一緒に独立しようぜ！」と誘われるようなものだ。

まさかランチをおごってもらったくらいで、二つ返事で辞表を出すサラリーマンはいないはずだ。

では犬・猿・キジたちはどうして二つ返事で自分の命をかけたのだろうか。

答えは簡単だ。

桃太郎に圧倒的な実力があったからだ。

シンプルだけど、それだけなのだ。

桃太郎の話をもう一度真剣に読み返してもらいたい。

桃太郎は生まれた時から、尋常ではない成長ぶりだった。

ご飯を一杯食べると、一杯分だけ大きくなり、ご飯を二杯食べると、二杯分だ

本当は、〝きびだんご〟なんて要らなかった。

け大きくなり、ご飯を三杯食べると、三杯分だけ大きくなる。

つまり桃太郎は遺伝的に強靭な肉体になる素質を持っていたということだ。

まことに悔しい話だが、並外れた運動神経や体格というのは、すでに遺伝の段階で決まっているのだ。

さらに桃太郎は頭脳明晰だった。

一を聞いて十を知るタイプで、おじいさんとおばあさんが教えたことをどんどん吸収していった。

つまり桃太郎は遺伝的に並外れた知能を持っていたということだ。

まことに悔しい話だが、並外れた知能というのは、すでに遺伝の段階で決まっているのだ。

しかも桃太郎は、持って生まれた素養に胡坐《あぐら》をかくのではなく、体を鍛え、勉学にも励んだのだ。

その上おじいさんとおばあさんからたっぷり愛情を注がれたため、性格がいい上に、正義感の強い立派な若者に育った。

こうして圧倒的な実力を備えた桃太郎だからこそ、犬・猿・キジたちは「この人と一緒だったら、鬼を退治できるかもしれない」と、命を預けたのだ。

もし桃太郎が「おい、きびだんごあげるから一緒に行こうよ。正直、勝てる気がしないんだよね。え、一つじゃ足りないって？　じゃあ二つでどう？」と犬・猿・キジに懇願していたら、どうなっていただろうか。

犬・猿・キジは桃太郎を相手にしなかったはずだ。

そして桃太郎は鬼ヶ島に行く前に怖気づいて、引き返してきたに違いない。

ここで大切なのは、あなたも桃太郎のような強靭な肉体と頭脳がなければならないということではない。

両親や祖父母を観察しながら、自分の中の遺伝子を確認することだ。

本当は、〝きびだんご〟なんて要らなかった。

どんな人間にも少なからず優良遺伝子が備わっている

今あなたが生きているということは、人類の厳しいサバイバルゲームに勝ち残った遺伝子を持っているということだ。

必ずあなたには何かしらの才能がある。

「他人の半分の努力で、倍の成果を出したこと」をヒントに、あなたの二十歳までを振り返ればその周辺に才能が見つかるはずだ。

自分の才能をとことん磨くことが、自分に対する最高の投資になるのだ。

15

夢を見るために毎朝僕は目覚めるのです

１９９７年から２００９年にかけて村上春樹を取材した18本のインタビュー集。国内メディアもあるが、主に海外メディアの取材で、作品や創作に関してだけでなく、若い頃のことや読書体験、日本社会や世界に対する考察など話題は多岐に及んでいる。あまり公に発言するイメージのない村上春樹だが、インタビューに応じる彼はありとあらゆる質問に丁寧に答え、真摯に語っているのが印象的だ。

著者　村上春樹
定価　1800円+税
発売　2010年9月30日
発行　文藝春秋

「村上春樹」という銘柄の13年間から学ぶ。

本書は世界的な作家・村上春樹の13年分のインタビュー集である。著者ほど長期間にわたって売れ続けている作家は少ない。

投資の章であえて本書を紹介したのには理由がある。

著者を世界的な〝銘柄〟として捉えた場合、そこから気づかされることが非常に多いと考えたからだ。

13年のインタビューの軌跡には、必ずあなたの人生に活かせるヒントが見つかると確信している。

テレビ出演はもちろん、インタビューにもめったに応じないという著者だからこそ、本書はとても貴重だ。

1997年のインタビューで著者はこう回答している。

「作家にとってテクニックというのはとても重要なものです。自分に何が書けて、何が書けないかを、その時点その時点できちんと把握していなくてはならない。」

あらゆる職業のプロフェッショナルに、これは当てはまる考え方ではないだろうか。

憧れを持って夢を語るのは大いに結構なのだが、己の分を知らなければ人生は空回りのままで終わってしまう。

分を知るというのはネガティブな思考ではなくて、大きく飛躍するために不可欠な思考なのだ。

何事も現実というステップに足をかけることでしか、出発できないのだから。

２００５年のインタビューではこう回答している。

（P9）

「文章を書くのは、僕にとって呼吸をするようなものなので、常に何かを書いています。小説を書いていないときは、翻訳をするか、エッセイのようなものを書くかしています。文章を書くのは、運動選手にとってのトレーニングや、音楽家

にとっての楽器練習と同じで、まったく休んでしまうと、ペースを取り戻すのに時間がかかってしまうから。」（P374）

プロフェッショナルにとってトレーニングや練習はもはや呼吸なのだ。

努力しているなんていう意識は毛頭ない。

努力しているという意識をしているうちは、まだまだ実力不足であり、未熟者の証拠だ。

努力そのものを評価してもらいたかったら、プロではなくアマとして生きるべきだ。

あなたにとって、呼吸と同列の何かを見つけることが人生を豊かにするのだ。

２００９年のインタビューではこう回答している。

「欲はあるべきなんです。恥ずかしいことじゃない。せっかくここまで来たんだから、もっと突っ込んでやりたいという気持ちは持って当然です。だって、普通

の人がなりたいと思っても、そうそう簡単に小説家になれるわけじゃないんだもの。せっかくプロとしてものを書ける状況にあるんだから、あらゆる力を振り絞って書かないと、それは人生に対する冒瀆《ぼうとく》だろうと僕は思う。」（P514）

これは本当にすばらしいメッセージだと思う。

欲というのは、現状では満足できない向上心の裏返しだ。

あなたも何かの仕事をしていて、その仕事においてはプロのはずだ。

プロは仕事に対してとことん欲深であるべきだし、あらゆる力を振り絞って仕事に打ち込むべきだ。

それが仕事に誇りを持つということであり、人生に誇りを持つということなのだ。

さらに同じインタビューでこう続けている。

「いつも言うことだけど、僕が経験した神宮球場の一件ですね、二十九歳の四月

の初めに、神宮球場の外野席で野球を見てるときに、唐突に小説を書きたくなったという体験。天から何かが降ってきたあの感覚は、今でも手の中にはっきりと残ってます。」（P514）

こうした啓示は、あなたにも必ずある。

「ない」と答えた人は、見過ごしたか、忘れたか、逃げたかのいずれかだ。

私の場合は目の前の膨大な仕事に没頭していたら、ふっと真空状態のような暇な期間がしばらく続いた。

本当に不思議な話だが、その暇な期間に今の仕事の礎ができたのだ。

肩の力が抜けて強い執着を手放した瞬間、啓示を受けやすい。

突然くる〝啓示〟をキャッチする握力を鍛えよう

第4章

だまされない知識をつける本

 ©peace!/orion/amanaimages

16

大河の一滴

五木寛之が生と死について語ったエッセイ。「大河の一滴」とは人のこと。「それは小さな一滴の水の粒にすぎないが、大きな水の流れをかたちづくる一滴であり、永遠の時間に向かって動いていくリズムの一部なのだと、川の水を眺めながら私にはごく自然にそう感じられるのだった」。人生に疲れ、あるいは迷った人たちに向けて、著者は仏教の話も交えながら静かに語っていく。

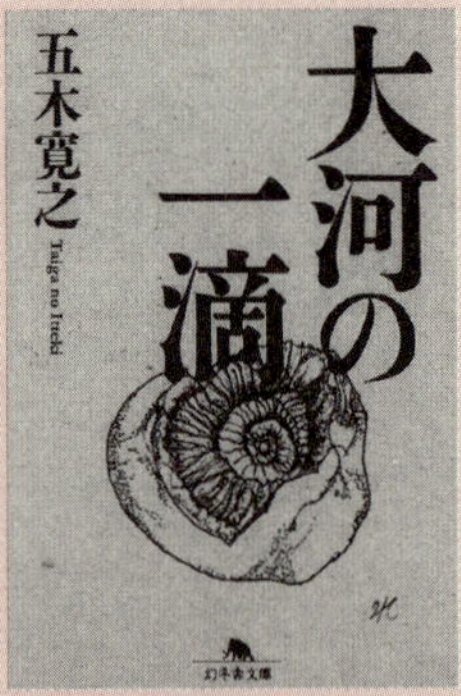

著者　五木寛之
定価　476円+税
発売　1999年3月25日（文庫版）
発行　幻冬舎

何だかんだ言って、最終決断はやっぱり自分。それが生きるっていうことだ。

本書は1998年刊のミリオンセラーで五木寛之の随筆だ。

出版当時は大手金融機関の倒産が相次ぎ、少年犯罪がマスコミを賑わせ、年間自殺者数が3万人を超えたという時代背景を踏まえると理解が深まる。

本書は2001年には映画化され、世を席巻した。

これまでの常識が通用しなくなると、人はパニックに陥りやすい。

特に模範解答を片っ端から暗記しまくってきた優等生ほど、本当に脆い。

だが模範解答が通じなくなってからこそが、人生は本当に面白いのだ。

間違ってもいいから自分で決断して、ありのままの喜怒哀楽を味わっていくのが生きるということではないだろうか。

本書は著者の独特の価値観が溢れているものの、何とも心地よい不思議な世界を繰り広げてくれている。

本書の冒頭はこんな一文で始まる。

「私はこれまでに二度、自殺を考えたことがある。」（P13）

名著と評される本は、どれも冒頭の一文が非常識で卓越している。

忘れたくても、忘れられないのだ。

川端康成の『雪国』の冒頭「国境の長いトンネルを抜けると雪国であった。」は、忘れられない。

カミュ『異邦人』の冒頭「きょう、ママンが死んだ。」は、忘れられない。

ヘミングウェイ『老人と海』の冒頭「かれは年をとっていた。」は、忘れられない。

冒頭の一文が非常識で忘れられない本が、名著なのだ。

著者はプラス思考についてこう述べている。


「本当のプラス思考とは、絶望の底の底で光を見た人間の全身での驚きである。

そしてそこへ達するには、マイナス思考の極限まで降りていくことしか出発点は

何だかんだ言って、最終決断はやっぱり自分。
それが生きるっていうことだ。

ない。私たちはいまたしかに地獄に生きている。しかし私たちは死んで地獄へ堕《お》ちるのではない。人はすべて地獄に生まれてくるのである。」（P41）

みんな薄々感じていることだが、死んでから天国と地獄があるのではない。
生きているこの現実の中にこそ、天国と地獄があるのだ。
そして天国はいつも地獄の中に存在する。
地獄の状態があたりまえだと考えると、それ以外はすべて天国だと感謝できる。
あまり深刻に受け止めずに、〝あたりまえ〟に感謝することから始めよう。
著者は科学についてこう述べている。

「さらにいわせてもらえば、むやみやたらと科学や医学に頼るな、ということだ。科学は常に両刃《もろは》の剣《つるぎ》である。医学や技術の進歩によって救われた命と、それによって失われた命と、はたしてどちらが多いか。私は五分《ぶ》五分だと感じている。」（P74）

これを読んだ私は、周囲で癌になった人たちを全員思い浮かべてみた。ろくに治療を受けずに最期はモルヒネを打ちながら亡くなった人たちと、ありとあらゆる治療を受けて髪の毛が抜け落ちてから亡くなった人たちとを比べてみると、自分事としてイメージできるのではないだろうか。

自分の人生なのだから、もちろん自分で決断することだ。

著者は心と体についてこう述べている。

「人間にはやりたいことがあり、その人それぞれの個性というものがある。その人間の個性を生かしつつ、その人間のやりたいことをやって生きていく。そういうことが意外に大事なことなので、規則正しい生活というものをあまり強調しすぎることによって、規則正しい生活をしなければいけないということが人間の心と体の自由を奪うようになっては、これも問題なのではないか、と考えたりすることがあります。」（Ｐ１８７）

何だかんだ言って、最終決断はやっぱり自分。
それが生きるっていうことだ。

退屈な模範人生から卒業する

これはまさにその通りで、成功者たちに共通していたのは〝自分の勝てる土俵で、自分が勝てるやり方で戦った〟ということに尽きる。

ここで登場した〝規則正しい生活〟こそ、まさに模範解答に他ならない。

模範解答を守ったところで、成功は遠のくばかりか退屈な人生で幕を閉じる。

死に際に「こんなはずじゃなかった！」と叫んでも、誰も責任を取ってくれない。

なお、本書【文庫版】の巻末解説が原田宗典というのも私はうれしかった。

17

世界連鎖恐慌の犯人

サブプライムローン問題に端を発した世界同時不況の原因を金融知識のない人にもわかる語り口で解説。悪と知りつつ金儲けに走る人や世間を知らない学者が作ったデリバティブなど、不況をもたらした真犯人を追及した本書は、実態が見えにくい「インベストメントバンク」「ヘッジファンド」「デリバティブ」「CDO」の仕組みやまやかしが見えてくる金融の入門書としても読める。

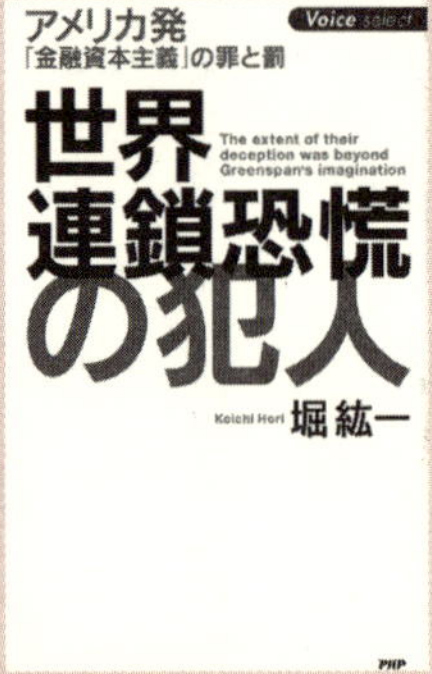

著者　堀紘一
定価　952円+税
発売　2009年1月7日
発行　PHP研究所

当初緊急出版された本書には、著者の「怨念」と「愛」がブレンドされている。

本書はリーマン・ショックから約4ヶ月後の2009年1月に緊急出版された。間違いなく全世界に激震が走った恐慌であり、多くの企業が消え、多くの人が悶え苦しんだ。

いまだに後遺症で苦しんでいる企業や人も多い。だがあれほど騒がれたにもかかわらず、もう過去のこととしてすっかり忘れ去られてしまった感がある。

「過去のこと」と片付けて無関心な人も多いが、初歩くらいは押さえておきたい。これからを生きる私たちにとって、あの2008年9月15日から学べることなんて、それこそ山のようにあるはずだ。

本書がすばらしいのは、著者自身が現役経営コンサルタントかつ企業経営者として当事者であったことと、投資銀行出身者ではないことだ。

当事者として直撃を受けたという「怨念」と、周囲の投資銀行出身者の協力を得て、誰にでもわかるように伝えようという「愛」が見事にブレンドされている。緊急出版ということも手伝って、多少ぎこちない表現は否めないが、それがまた生々しくていい。

まず「金融の神様」として約20年君臨していたグリーンスパンの「人間宣言」についてこう述べている。

「二〇〇八年十月二十三日、アメリカ下院の公聴会に前ＦＲＢ（連邦準備制度理事会。日本の日本銀行に当たる）議長のグリーンスパン氏が出席し、デリバティブについて『まさか、ここまでくるとは思わなかった。私がＦＲＢ議長のときに、もっと厳しく規制しておくべきだった』と発言して、自らの金融政策の過ちを認めた。」（Ｐ24）

デリバティブとは金融派生商品と訳され、投資銀行経営陣からの指示によって、工学博士や理学博士たちが金融工学に基づいて設計した超複雑商品だ。

当初緊急出版された本書には、
著者の「怨念」と「愛」がブレンドされている。

理論的には非の打ちどころがなく格付けもよかったが、現実にはそぐわない浮世離れした商品を生み出してしまった。

その代表格としてリーマン・ショック後にマスコミでよく取り上げられるようになった、サブプライムローンがある。

サブプライムローンについてはこう述べている。

「もともとサブプライム層は、ローンの返済が滞る可能性が高いと判断されていた人たちである。金融工学ではそこまでは計算に入れていたはずだが、彼らがパンクしたときに損失を相殺《そうさい》するための不動産担保が、突然に機能しなくなることは想像すらしていなかった。」（P70）

サブプライムの〝サブ〟とは地下鉄のサブウェイの〝サブ〟と同じで、「下」という意味がある。

信用取引の上では、決して銀行がお金を貸してはいけない人々のことだ。

たとえば収入もなく、働く気もないが、親から相続した不動産だけはあるという道楽息子たちが格好のターゲットだ。

サブプライムローンは、相手の返済能力なんて最初からまったく期待しておらず、この不動産という担保のみに目をつけたものだった。

ところが不動産の価値が暴落した場合のことまでは考えていなかったのだ。

頭のいい金融工学の人たちが人間オンチ、世間オンチだったことが災いした。

結果としてサブプライム層をさらに奈落の底に落としたことになる。

さらに危険だと主張するＣＤＯ（資産担保証券）についてはこう述べている。

「ＣＤＯをもっとわかりやすい例にたとえれば、ミンチ肉のようなものだ。このミンチには、牛肉、豚肉、鶏肉などなど、いろいろな肉が混ぜ合わされているが、何がどれだけ入っているかわからない。すべて安全な肉かというと、誰も自信がないのである。」（Ｐ87）

当初緊急出版された本書には、
著者の「怨念」と「愛」がブレンドされている。

人間オンチの金融機関の言葉をうのみにしない

もちろん、ＣＤＯに鳥インフルエンザの肉が入っていれば、世界中に時限爆弾がバラ蒔かれたことになる。

すでにお気づきのように、金融機関は産業を活性化するための血液を送り出す役割が使命だったにもかかわらず、我こそは主役と思い上がってしまった。

自分たちが法外な年収を稼ぐために、言葉巧みにあちこちから暴利を貪った。

暴利を貪るために、デリバティブという時限爆弾をあちこちに撒き散らした。

確かに資本主義において金融機関は不可欠な存在だが、本来の使命を忘れて他人の不幸の上に自分の幸せを築いてはならないという教訓を授かった。

18

そうだったのか！スゴ訳 あたらしいカタカナ語辞典

横文字嫌いの人のために、ネット、新聞、雑誌などに頻出するカタカナ語を解説。ビジネスやネットで出る言葉はもちろん、学術的な言葉や現代社会の特質を表す言葉など幅広い単語が取り上げられている。本書の特長は重要語句1語に見開き2ページを当てて実にわかりやすい解説が付いていることで、辞書やネット検索で意味不明の解説にうんざりした人にうってつけの内容だ。

著者　高橋健太郎
定価　900円+税
発売　2012年9月20日
発行　高橋書店

あなたが簡単にだまされるのは、
言葉を知らないからだ。

著者は「はじめに」の冒頭でこう述べている。

「世の中には、２種類の人間がいます。『我々には、コンシューマーにソリューションを提供するためのスキームが必要だ！』のような言い回しに抵抗のない人。そして、こういう言い回しを見聞きするたびイラッとしてしょうがない人です。この本は、主に後者の気持ちをスカッとさせるために生まれました。」（Ｐ４）

コンシューマー、ソリューション、スキーム……これらのカタカナ用語が飛び交うのを誰でも一度ならず耳にしたことがあるだろう。

「わからない」「知らない」「それどういう意味ですか？」といちいち聞けないから、そのまま相手に会話の主導権を握られてしまう。

そんな経験は誰にでもあるはずだ。

そこであなたはこんな勘違いをしてしまう。

「やっぱり英語の勉強って大事だな。よし来月から英会話教室に通うぞ！」

「よし！　ＭＢＡでも取りに行こう！　今日からＴＯＥＩＣの勉強だ！」

もちろんそうした一大決心は、一晩寝ると脆くも崩れ去ってしまう。

それでいい。

相手のことを考えずにカタカナ用語を連発する連中に、優秀な人間など一人もいない。

内輪ならまだしも、普通の日本人であるお客様に対して執拗にカタカナ用語を使うのは、コンプレックスの裏返しなのだ。

私がいた経営コンサルティング業界でも、カタカナ用語を連発する社員はいた。共通点は、出身校がイマイチだったことと、仕事ができないことだった。

換言すれば自分と仕事に誇りを持てないから、カタカナ用語を多用することで煙に巻いていただけなのだ。

都合の悪い状況で、政治家が難しい四字熟語やことわざを多用するのと何ら変

あなたが簡単にだまされるのは、
言葉を知らないからだ。

わらない。

外資系企業でも一流になるほど、お客様に対してきちんとした日本語を使う。

三流になるほど、カタカナ用語を好んで使う。

優秀な人ほど自分ができることをいちいち口にしないのに対して、無能な人ほど自分がいかにできる人間なのかを主張したがるのはゴルフと同じだ。

さてそんなカタカナ用語を多用する人に対して、いちいちストレスを溜めなくても済むのが本書だ。

見開き2ページで1つのカタカナ用語を「そうだったのか!!」とひと言でまとめて、「語源、由来」「解説」「使用例」までをパッと見て理解できるように掲載されている。

昔受験勉強で使用した英単語帳のサイズで、デザインや紙質もとても馴染みやすい作りになっている。

もちろん受験勉強のように頭から丸暗記なんてしなくてもいい。

パラパラとめくって、「あ、そういえばこれよく耳にするな」と思ったカタカナ用語だけを読んでみればいい。

「そうだったのか!!」と「使用例」を読むだけで、10秒以内に理解できる。

中には「日本語で表現すればこんなに簡単なのに、どうしてわざわざわかりにくいカタカナ用語を使う必要があるの？」と笑ってしまうこともあるだろう。

まさにそれこそがカタカナ用語で相手を煙に巻かなければ生き残れない人たち、コンプレックス君、コンプレックスちゃんたちの猫だまし作戦だったのだ。

本書の三分の一のカタカナ用語をマスターした頃には、もうカタカナ用語で悩むことはなくなるだろう。

「エビデンスを出せ！」と言われても、「ウラ付けはですね……」とやり返せる。

「サマリーを提出してくれ！」と言われても、「短くまとめておきます」とやり

あなたが簡単にだまされるのは、
言葉を知らないからだ。

無能な相手にだまされないためにカタカナ語を学ぶ

返せる。

今度は逆に相手があなたに対して脅威を抱くだろう。

ちなみに冒頭の一文「我々には、**コンシューマー**に**ソリューション**を提供するための**スキーム**が必要だ！」はこうなる。

「我々には、**お客様**に**解決策**を提供するための**ちゃんとした計画**が必要だ！」

こんなに普通のことだったのだ。

19

必ず役立つ！「〇《マル》〇《マル》の法則」事典

「スタージョンの法則」「80対20の法則」「ホイーラーの法則」など、ビジネスや人生を語る上で用いられる経験則70個の解説書。国際ビジネス経験豊富な著者が法則の生まれた背景やエピソードを交えて解説している。ビジネスや組織に関する法則が多いが、「現状維持は退歩なり」（クリステンセンの法則）など、いかに生きるべきかの示唆に富むものも多く、読み物として楽しめる。

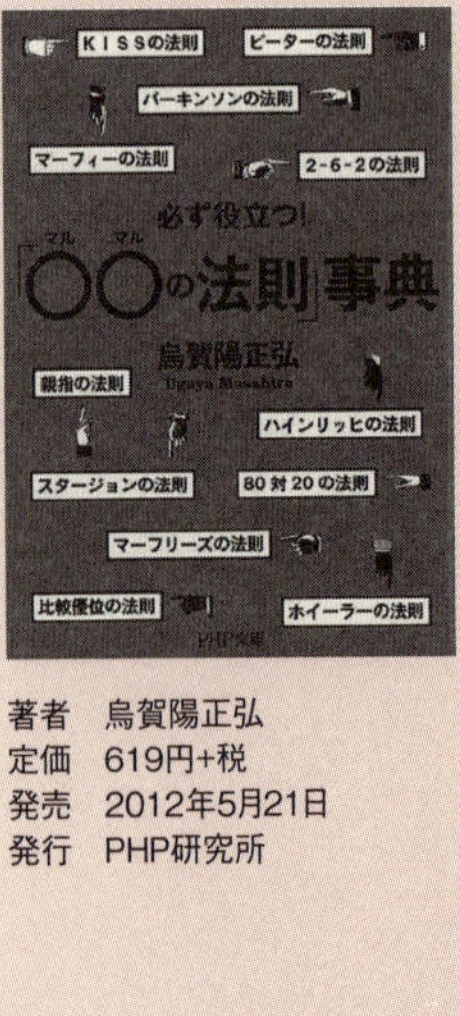

著者　烏賀陽正弘
定価　619円+税
発売　2012年5月21日
発行　PHP研究所

本書1冊を読み込めば、似非インテリにお金を搾取されずに済む。

本書を取り上げたのには理由が二つある。

一つは本書を読んで、仕事に、人生に、活かしてもらいたいからだ。

本書で取り上げた70の法則を知っているだけでも、サバイバルのための強烈な武器を手にしたことになる。

文庫本で値段も安く、ポケットサイズなのに驚くべき親切な内容だ。

この種のビジネス書を50冊分読んだくらいの力がつく。

もう一つは似非《えせ》インテリやお手軽コンサルタントに、あなたが搾取されないようにするためだ。

これは意外にバカにならない。

セミナー講師やコンサルタントのプロフィールを見て、自分とたいして変わらない経歴なのに自信満々に話している姿に、ふと疑問を持ったことはないだろうか。

「似たような大学を卒業し、似たような会社でサラリーマンをしていたのに、どこでどうなったらこんなに差がついてしまうのだろうか……」

彼ら彼女らは、決して種明かしをしてくれることはないだろうが、答えはこの本を読めばすぐにわかる。

実際に私はあるコンサルタントのこんなつぶやきを聞いたことがある。

「本当にみんな本を読まないし、勉強もしていないから、１冊本を読んだだけで訪問先では１日時間を潰せるよ」

彼の１日のコンサルフィーは、同世代のサラリーマンの月給より高い。

これを聞いて怒り心頭に発する人もいるかもしれないが、それはお門違いだ。

本を読んでいないとか勉強していないということは、自分は搾取される側で生きる決断をしたということなのだ。

あるコンサルタントが、たとえ１５００円のビジネス書の内容をそのまま訪問

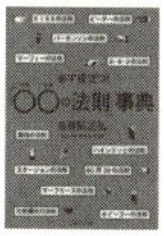

本書1冊を読み込めば、
似非インテリにお金を搾取されずに済む。

先で話したとしても帳尻は合っている。

なぜならそのコンサルタントは、１５００円の本に出逢うまでに、これまで膨大な本を読んで自分に投資しながら目利きを鍛えてきたからだ。

しかも訪問先の状況に合わせて、本の中からピッタリのキーワードを自分の頭の中から瞬時に検索しなければならない。

すでにお気づきのように、本を読んで勉強していくということは、自分はお金を回収する側で生きる決断をするということなのだ。

人にはそれぞれ価値観があるし、絶対に正しい生き方なんてない。

搾取される側と回収する側のどちらを選ぶのかは、あなたの好みの問題だ。

本書で取り上げられている法則を一つだけ紹介したい。

「立派な自社ビルの建設計画は、まさにその機関あるいは企業の崩壊点になる」

（P3）

「はじめに」でいきなり登場する「パーキンソンの法則」だが、バブル期に都心に豪華な本社ビルを建設した日本債券銀行や日本長期信用銀行の例を挙げている。ごく身近な人や会社を観察していても、かなりの確率でこれは当てはまる。私がサラリーマンを経験した業界でも、業績の割に自社ビルがやたら立派だった会社は業界再編で真っ先に名前が消えた。

中小企業では分不相応な自社ビルを建設すると、完成前に倒産してしまった例も複数見てきた。

もちろんこれは罰があたったなどという、オカルトチックな話ではない。ピークに合わせて設備投資をしてしまうと、ピークが過ぎたらそれらすべてが負債になるということなのだ。

これは人生にもそのまま当てはまる。

ピークというのは長くは続かない。

selected book 19：必ず役立つ！「○○《マルマル》の法則」事典

本書1冊を読み込めば、
似非インテリにお金を搾取されずに済む。

いつもピークは短期間で終わる。

にもかかわらず、人は一時的にすぎないピークを自分の人生のスタンダードだと過大評価してしまう。

まるで永遠にこのピークが続くかのように錯覚してしまうのだ。

いかがだろうか。

この調子で70の法則がとてもシンプルにわかりやすくまとめられている。

搾取される人生か回収する人生かは自分で決断できる

20

面白いほどわかる！他人の心理大事典

何げないひと言に隠された本音や不思議な行動に潜む理由、しぐさと癖から読み取れる深層心理、表情と話し方に見え隠れする心のサインなど、相手の心を読み解くヒントを網羅した一冊。対人関係、恋愛、仕事といった場面ごとに、他人の心理の読み取り方や心理戦術を解説し、ビジネスや日常生活での対人関係に役立てようとしている。

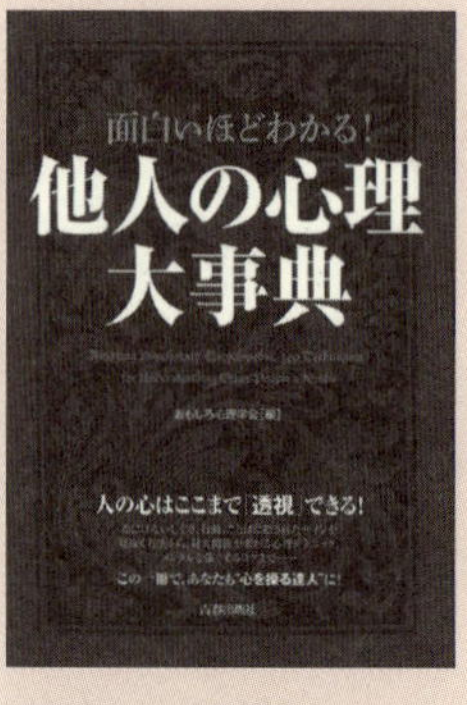

編者　おもしろ心理学会
定価　1000円+税
発売　2012年11月5日
発行　青春出版社

人をだますための本ではなく、あなたがだまされないための本だ。

これまで心理学の本をたくさん読んできたが、「より実践的にまとめた本が出るといいな……」と思っていたら、2012年に本書が出た。

380ページというボリュームに加え、1ページに1事例が豊富に掲載されており、それでいて1000円とお値打ちだ。

〝大事典〟といっても、決して難解な事典というイメージではない。

タイトルにもあるように、〝面白いほどわかる!〟のほうが事実に近い。

本書をパラパラとめくれば、あなたのこれまでの人生で出逢った人たち、あるいは、自分自身に当てはまることが溢れているはずだ。

「あの時のアイツの態度は、そういう意味だったのか!」

「あの時の私の態度は、周囲にばれていたのね……」

そんなことのオンパレードだ。

そのためすぐに試したくなったり、他人を批判したくなったりする衝動に駆られる。

ここで注意しておきたいのは、本書は人をだましたり、見抜いてバカにしたりする本ではないということだ。

もしあなたが本書を使って人をだましたり、見抜いてバカにしたりすれば、1年後には人もお金もあなたのもとから去っていくだろう。

せっかく読書してもそれでは本末転倒だ。

本書はあなたがだまされないようにするための本なのだ。護身術として空手や少林寺拳法を習うように、人生を明るく楽しく生きるために本書を読むのだ。

現実社会に頻繁にありがちな事例をいくつか紹介しよう。

「仕事や家庭、私生活でもそうだが、人間関係を良好に保つには頭ごなしに相手を否定してはいけない。仮に相手が100パーセント間違っていても、まずは

人をだますための本ではなく、
あなたがだまされないための本だ。

相手の言い分を聞いて同調したうえで、冷静に反論を展開していくというのが賢いやり方だ。」（P36）

いかがだろう。

すぐに相手の意見を否定したがる人がいるが、そういう人は手強い人ではなく、とても素直な人なのだ。

相手の否定に「なるほど」と同調してやれば、簡単にコントロールできるからだ。

本当に手強いのは、あなたの話にじっと耳を傾けながら同調し続けてくれた上で、さらりと持論を展開する人だ。

この人は人のコントロールの仕方を熟知しており、同調しているふりをしていても話なんてまったく聞いていないのだ。

怪しい宗教団体や優秀な詐欺師にはこのタイプが非常に多い。

「初対面の人と話しているとき、ふとしたことからお互いに共通の知人がいることを発見して大いに盛り上がったという経験はないだろうか。しかも、その知人というのが自分の家族だったり長年の親しい友人だったりすると、その人に対する警戒感が一気に薄れてくる。」（Ｐ２２３）

初対面で親しくなりたい相手にならこんなテクニックは有効だが、これを逆手に取る人が多いのが残念だ。

あまりにもいい人に思えたので、「買うつもりはなかったのに、つい買ってしまった」という苦い経験はないだろうか。

よく考えたら〝いい人〟とはその場限りの関係なのに、欲しくないものを買わされる義理はないはずだ。

つまり〝いい人〟は、自分に利益があるからその場限りの〝いい人〟を演じたのだ。

人をだますための本ではなく、
あなたがだまされないための本だ。

〝いい人〟の裏を見抜く洞察力が護身術となる

念のため、詐欺師には〝いい人〟が多い。

「相手に口答えをさせず、こちらの思いどおりにしたいときは、わざとすぐに返事ができないような質問を連発するといい。すると相手は自分に自信をなくしてしまい、『はい、わかりました』『そうですね』と肯定するようになる。つまり、操縦しやすくなるわけだ。」（P248）

いかがだろうか。

あなたもこれまで高圧的な人間に出逢ったことがあるだろう。

種明かしをしてしまえば、この程度の小手先のテクニックだったのだ。

本書はくれぐれも悪用しないで、人生を明るく楽しく生きるために活用しよう。

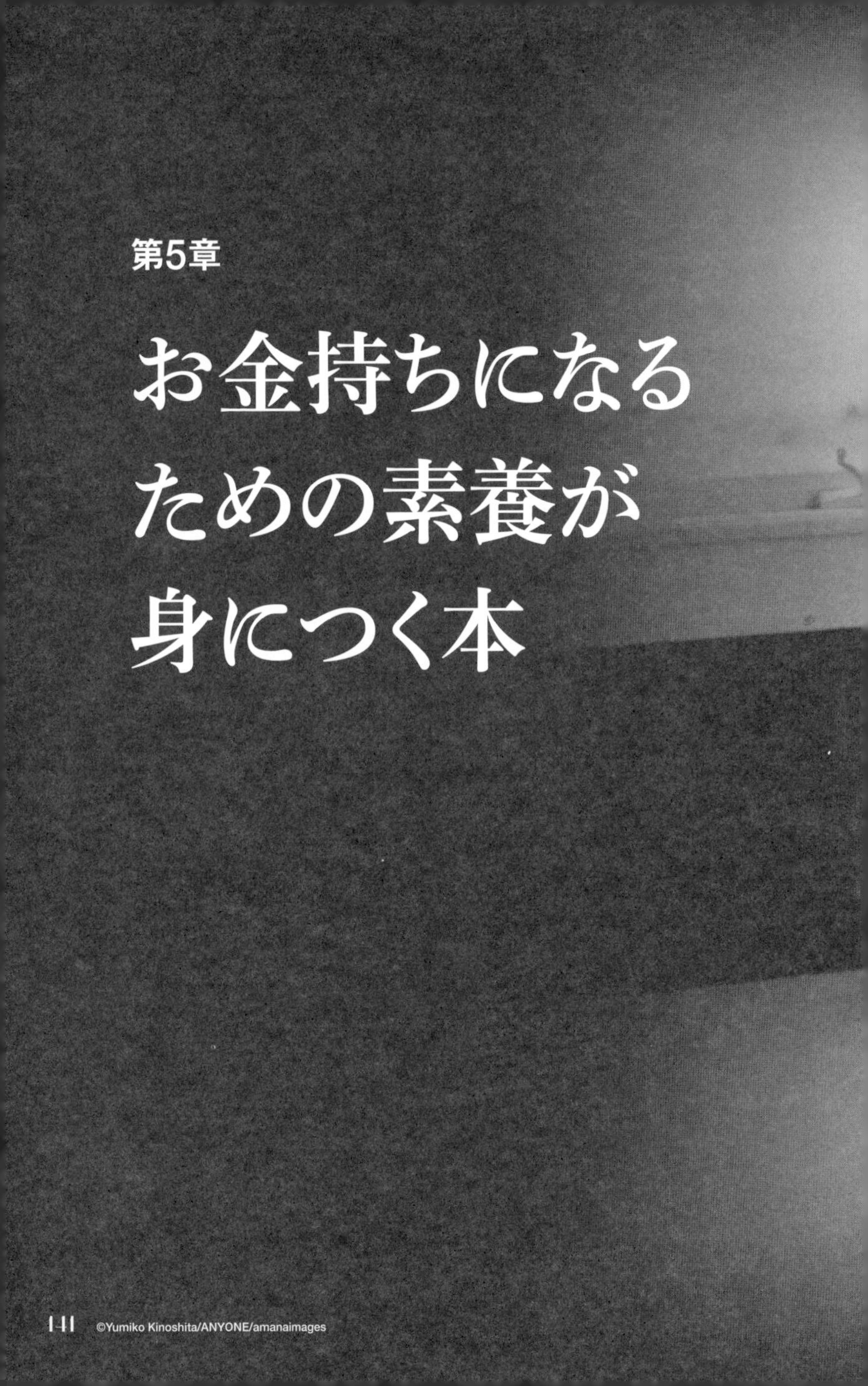

第5章

お金持ちになるための素養が身につく本

©Yumiko Kinoshita/ANYONE/amanaimages

21

成功の心理学

初版以来30年近く読み継がれてきたロングセラー本の新訳。著者は全米オリンピック委員会心理学部会委員長などを歴任し、宇宙飛行士、アスリート、経営者らの指導に携わってきた。「歩んできた日々そのものが、まさしく〝ビッグゲーム〟そのもの」と、特別な体験ではなく、日々の体験をいかに受けとめるかがカギであることを念頭に、自分の潜在能力を引き出す10の方法を述べる。

著者　デニス・ウェイトリー
訳者　加藤諦三
定価　1600円+税
発売　2012年4月19日
発行　ダイヤモンド社

自己啓発書は、本書に始まり、本書に終わる。

「自己啓発書は本書1冊のみでいい」と主張するつもりは毛頭ない。

本はできるだけたくさん読んだほうがいい。

ただ人生のどこかで本書を読んでおくのとそうでないのとでは、その後の吸収力が断然違ってくる。

私が本書に出逢った時、それはもう衝撃的だった。

タイトルの通り、本当に成功した気分に浸ることができた。

「やばい、俺、本当にもう成功しちゃった」と興奮して、居ても立ってもいられなかったのを鮮明に憶えている。

ただ、自分が何で成功するのかがまだ決まっていなかっただけだ。

方程式はすでに教わったのだから、「何で」はあとで放り込めばいいだけだと思い、ずっとドキドキしていた。

著者は人生というゲームでは、3つのタイプの人に分けられると述べている。

まずは圧倒的多数の**傍観者タイプ**だ。

失敗や批判を恐れて人生の舞台に自分からは上がらずに、見物人としていつも遠くから眺めながら死んでいく。

生きているのか死んでいるのかわからない人たちだ。

次に**敗者タイプ**だ。

これもまた非常に大きな集団であり、〝のように〟生きる人々のことだ。

〝のように〟生きるとは、自分の人生ではなく他人の人生を生きるということだ。

〝のように〟生きる人は、他人に対してすぐに嫉妬したり、批判したりする。

自分で自分を認められないために、他人も認められない。

最後に**勝者タイプ**だ。

その数はとても少なく、次々に自分の望むものを獲得しながら周囲にも影響を与えていく存在だ。

自己啓発書は、本書に始まり、本書に終わる。

もちろん、戦う時には勝者は一丸となって戦う。

プロローグに出てくるこの3タイプの話を読んだ時、私は勝者になろうと決めた。

その瞬間、野次馬や嫉妬、批判に対して無関心でいられるようになった。

傍観者タイプや敗者タイプの人たちに対してとりわけ敵対心があるわけでもなく、同じ地球上でも宇宙人のような存在に思えた。

そして本書が一点の曇りもなく本物中の本物であると私が確信した、次の言葉に出逢う。

「成功するか否かを決定づけるのは、心構えである。持って生まれた能力ではない。そして、その心構えは、どんなに大金を積んでも買えるものではない。心構えは売り物ではないのだ。」（プロローグ vi）

「よし！この本をとことんしゃぶり尽くしてやろう」と、胸が高鳴った。

こうして成功するための心構えを習得する旅が始まった。

いざ読んでみると、こんな言葉が並んでいた。

「成功者は自分をよく知っている」（Ｐ４）、「相手の立場に立つ」（Ｐ８）、「真実から目をそむけない」（Ｐ17）、「変化を恐れるな」（Ｐ31）、「よりよい結果を思い描け」（Ｐ88）、「時間の価値を認識せよ」（Ｐ１７５）

いずれもあたりまえといえば、あたりまえのことだ。

ところが本書が卓越しているのは、「なぜ、あたりまえのことが大切なのか」「なぜ、あたりまえのことができないのか」「なぜ、あたりまえのことが継続できないのか」を、優れた具体例でこれでもかとわかりやすく解説してくれていることだ。

おまけに各章のまとめには、「内容がしっかりと頭に入るまで、１ヶ月間繰り返し読むこと」と毎回強調されている。

自己啓発書は、本書に始まり、本書に終わる。

つまり本書は読んでただ感動するために書かれたのではなく、読者が行動し、継続するために書かれたことがわかる。

実際に私は1ヶ月間毎日欠かさず「まとめ」を読み続けた。

その結果、行動し、継続している自分に気づかされた。

そして、今ここにいる。

最後に本書で私が一番好きな言葉を、あなたに贈りたい。

「人生の勝敗は、最後の最後にならないと決まらない」（プロローグii）

「あたりまえ」の中に成功の道へのヒントが隠されている

22 あなたの会社が90日で儲かる！

儲ける上で、お客様を見つけて売り込んでいくのではなく、お客様が自分たちを見つけだすように仕向けることの大切さを説き、それを可能にするエモーショナル・マーケティング、すなわち人々の感情をつかむ販売戦略が詳しく書かれている。巻末には「本書のノウハウによって業績を上げた１０３社」が社名入りで挙げられており、大きな効果をもたらしうる一冊だと考えられる。

著者　神田昌典
定価　1500円+税
発売　1999年12月20日
発行　フォレスト出版

本書は、史上最強のダイレクトメールである。

私が経営コンサルティング会社に転職した初日、先輩コンサルタントにある1冊の本を手渡された。

「君、この本を読んで勉強しておくといいよ」

それが本書だった。

内容のすばらしさにも驚いたのだが、もっと驚いたことがある。

社内のコンサルタントの多くが本書を片手に仕事をしていたことだった。

さらにコンサルタントたちが仕上げたダイレクトメールを見て、私は仰天した。

本書のカバーと同じショッキングピンクのダイレクトメールのオンパレードだったからだ。

ここで私は一つのことを学んだ。

知恵に人数は関係ないということだ。

自ら知恵を絞らなければ、何百人が群がったところでたった一人の賢者に負け

てしまうのだ。

本書は１９９９年に出版されたものであり、表層的な部分はとことんパクられてもはや使えないものが多い。

だがそんなことはどうでもいい。

本質部分は、あなたのビジネスにおいて、否人生において、一生モノの武器になることは間違いない。

本書に触れればわかるのだが、まずカバーからすでに常識を打ち破っている。ショッキングピンクというカラーはもちろん、タイトルの「あなた」「90日」「儲かる！」といったドキッとするフレーズが目に飛び込んでくる。

「あなた」と言われると、「え⁉私のこと、呼びましたか？」となって当事者意識を喚起する。

「３ヶ月」と違って「90日」と書かれると、つい無意識にカウントダウンしてし

本書は、史上最強の
ダイレクトメールである。

まう。

また30日や60日ではなく90日としてあると、何か一つに打ち込んで成果を出すために現実的な期間で信憑性《しんぴょうせい》がある。

「儲かる!」というのは中小企業の経営者が大好きな言葉であり、それはまさに本書のターゲットに他ならない。

表紙をめくると、著者の華麗なプロフィールがドカン!と掲載されている。いかにも中小企業の経営者たちが毛嫌いしそうな、外資系戦略コンサルタントっぽい経歴なのだ。

だが気になるのは、「どうしてこんなエリートが中小企業市場に降臨してきたの?」という一点だ。

「エリートなのに泥臭いことをやってくれる」というギャップが、これまたセクシーなのだ。

そしてページをめくると、とてもエリートとは思えないわかりやすい文章で、ぐいぐいと内容に惹き込まれていく。

プロローグには何と、自分の通帳のコピーまでさらけ出している。

「エモーショナル・マーケティングの結果、30万円の預金が１８０日後には２４３０万円に！」（Ｐ６）

すでにお気づきのように、本書自体が、史上最強のダイレクトメールになっているのだ。

本文も秀逸だ。

前半部分は、架空のエリート叩きで読者の共感を呼んでいる。

第2章「エリートが、叩き上げ経営者をダメにする」の冒頭はこう始まる。

「学歴と経営のセンスは、関連性があるだろうか？　もちろんである。反比例する。」（Ｐ72）

本書は、史上最強の
ダイレクトメールである。

相手の目線に立てば心を掴め共感が生まれる

この言葉は、学歴コンプレックスの多くの人たちを勇気づける。

「おい、エリートのくせに、よくわかってるじゃないか！」と強い共感を抱かれる。

この調子でエリート叩きはバシバシ続く。

「一流コンサルタントの実力はお粗末」（P75）、「ビジネススクールは役に立たない」（P81）、「能なしの広告代理店」（P91）

こうして読者の心を鷲掴みにしながら、いよいよ第3章からは成功事例を交えた「儲かる！」話に突入していくのだ。

そして巻末には「本書のノウハウによって業績を上げた103社」リストが掲載。

繰り返すが、本書の表層をそのままパクっても無意味どころか、マイナスになる。

著者と同じ目線になって、一段上から本書の流れ、本質を掴もう。

23

努力はいらない！「夢」実現脳の作り方

有名な認知心理学者の著者が夢実現のための自己啓発プログラムＰＸ2の理論と方法を解説。ＰＸ2は米国でトップ５００企業の6割以上の企業、政府機関、水泳のナショナルチームなどに導入されている。類書が経験談中心なのに対し、本書は最先端の脳機能科学の研究成果を取り入れ、脳に働きかけることで自然と夢に向かって突き進むようになる〝法則〟を明らかにしようとしている。

著者　苫米地英人
定価　1300円+税
発売　2008年9月27日
発行　マキノ出版

「いいなあ、こんな本がすでにあって」と
嫉妬した、夢実現のすべて。

私が本書にスッと入り込めたのは、〝ホメオスタシス〟についてわかりやすい記述があったからだ。

大学時代に私が影響を受けた人物に、北村克己というボディビルダーがいた。彼は医学部に在籍していたこともあるが、ボディビルに打ち込むために退学している。

当時は日本人としては珍しく世界的に活躍していたボディビルダーであり、私は彼の記事やビデオをすべて取り寄せて勉強していた。

その中で強烈に印象に残ったのがホメオスタシスについての解説だった。

ホメオスタシスというのは「恒常性」と訳されることが多いが、要は「人間は放っておくと現状維持しようとする機能が働く」ということだ。

体温や体重が毎日急激に上下することはないが、それはホメオスタシスの影響なのだ。

ボディビルダーたちが限界を超えた肉体を創り上げるためには、ホメオスタシスを変えていくということだった。

ホメオスタシスをもっと知るために、大学の理学部の図書館に籠って生物学の専門書を読み漁《あさ》った記憶がある。

おかげで大学時代の私の体重は、２回も自分のホメオスタシスを超えることに成功した。

本書のテーマは「夢実現」だが、このホメオスタシスの存在がとても深くかかわってくるのだ。

本書ではホメオスタシス機能が働いて自分がラクでいられる状態の範囲のことを、「コンフォート・ゾーン」と呼んでいる。

これは学生時代を思い出せばわかりやすい。

いつも30点しか取れない劣等生がたまたま80点を獲得すると、うれしいには違

「いいなあ、こんな本がすでにあって」と嫉妬した、
夢実現のすべて。

いないがどこか違和感があってだらけてしまい、次のテストでは30点くらいに戻る。

否、実際には10点や20点になる可能性もある。

その生徒にとってのコンフォート・ゾーンは30点だから、均衡を保とうとするのだ。

反対にいつも１００点ばかりの優等生がうっかり80点を獲得すると、悔しがって猛勉強するから、次のテストではやっぱり１００点に戻る。

すべては自分のコンフォート・ゾーンに落ち着くようになっているのだ。

すでにお気づきのように、あなたがもし夢を実現させたければコンフォート・ゾーンをずらしていけばいいのだ。

「コンフォート・ゾーンをズラすには、なんでもいいから暫定的《ざんていてき》なゴールを1つ作ることから始めます。重要なのは、その達成までに必ず期限を設けること。」

（P37）

「いつかはきっと年収1億円」という夢を唱えるだけでは永遠に夢は叶わないが、「5年後に年収1億円」なら、ぐんとコンフォート・ゾーンがずれて夢に近づく。

なぜならば、5年後にふさわしい現在の自分にならなければいけないからだ。

5年後に年収1億円なのに、現在公務員というのでは夢に矛盾している。

夢が本気なら、独立して何かを始めるという行動を起こしているはずだ。

ここで大切になってくるのが、時間についての考え方である。

著者は時間について天才的な解説をしている。

「時間は未来から現在、過去へ向かって流れているのです。」（P40）

「あなたの今いる地点が現在とすると、あなたに向かって未来がどんどんやってきては、過去へと消えていっているのです。」（P42）

これを私が読んだ時の最初の感想を正直に告白したい。

「いいなあ、こんな本がすでにあって」と嫉妬した、
夢実現のすべて。

未来から現在をイメージし続けよう

「いいなあ、こんな本がすでにあって」と激しく嫉妬した。
私はこの時間の考え方に辿り着くまで、相当遠回りしなければならなかった。
それに対して、本書の読者は完璧な模範解答が用意されている。
本当に幸せだと思う。
夢はすでに実現したものとして、未来から現在をイメージするのだ。
そこで浮き彫りになった課題を淡々とこなすだけで本当に夢は実現する。
あとは本書と、あなたの行動力に譲るとしよう。

24 シンデレラ

誰しもが一度は読んだことのあるはずの童話作品だが、今あらためて再読してみるのもいい。『シンデレラ』を書いた童話作家は複数いるが、本作品はフランスのペローの原作をもとにして、美しい文章と絵で綴られている。本文に振り仮名が付いていて子どもにも読めるが、大人向けの童話としても楽しめるしっかりとした一冊だ。巻末に付けられた「教訓」もいい。

原作　ペロー
絵　東逸子
訳　天沢退二郎
定価　1800円+税
発売　1987年11月20日
発行　ミキハウス

仙女がシンデレラにかけた最大の魔法は、時間厳守させたことだった。

お金持ちになる素養をたった一つ挙げるとすれば、時間厳守ではないだろうか。

時間厳守すれば、お金持ちになれるわけではない。

さすがに世の中は、そこまで甘くはない。

だが長期的なお金持ちは、時間厳守に滅法うるさかった。

これまでに多くの会社を見てきたが、会議の開始時間や書類の提出期限を守れない会社の業績は徐々に衰退していった。

小さな遅刻はいずれ大きな遅刻へと急成長して、あっという間に組織を蝕む。

個人を観察していても、どんなに優秀でも時間にルーズな人は見事に失脚していったものだ。

だからこそ、私自身も時間にうるさくなった。

時間にうるさくなって、本当によかったと感謝している。

童話『シンデレラ』を知らない人はいないだろうが、ぜひこの機会にもう一度思い出してもらいたい。

シンデレラは舞踏会に参加するために、仙女から召使いや馬車、ドレスやガラスの靴を与えられた。

もちろんそれらは確かにすばらしいプレゼントには違いないが、舞踏会には他にもすてきな馬車に乗ってきて素敵なドレスを着たお嬢様がわんさかいたはずだ。

外見だけで王子様に選ばれる決定打にはならないのだ。

そこでシンデレラは他のお嬢様たちとは別に、単独で集合場所に到着した。

集合場所に友人知人とワイワイ群がって向かわずに、一人で登場したのだ。

ワイワイ群がっている他のお嬢様たちは、集団では目立っても一人ひとりは目立たない。

シンデレラは一人で登場したことによって競争率を１・０倍にし、王子様の目に留まったのだ。

仙女がシンデレラにかけた最大の魔法は、時間厳守させたことだった。

だがこれは、ほんの予選通過にすぎない。

あたりまえだが王子様は年中モテモテ状態だ。

ただ目に留まっただけでは、王子様にとってその他大勢の愛人の一人としてしか扱ってもらえないだろう。

服装や馬車や単独行動は、ほんのスタートラインに立つための手段だったのだ。

もう一度思い出してもらいたい。

仙女がシンデレラに念を押している約束がある。


「これは、なによりもだいじなことだよ、夜《よ》なかの12時《じ》よりおそくならないこと。もしそのあとちょっとでも、舞踏会《ぶとうかい》でぐずぐずしていると、馬車《ばしゃ》はまた、かぼちゃにもどり、馬《うま》ははつかねずみに、召使《めしつか》いはとかげにもどってしまう。きれいなドレスも、また、もとのぼろにもどるのだよ」（P24）

仙女はシンデレラに、脅しとも解釈できるくらいに時間厳守を仕込もうとした。

なぜなら時間厳守こそ、幸せを呼び込む最大の秘訣だったからだ。

シンデレラは約束の12時になると、本当は王子様と朝まで一緒に寄り添っていたい気持ちをグッと堪えて、走ってその場から逃げ出した。

シンデレラに寸止め状態で帰られた王子様は、欲求不満が極限に達し猛烈に燃える。

「あの女、この俺様と朝まで一緒にいられるのが惜しくないのか？」

お子様向け『シンデレラ』にはさすがにそんなセリフは出てこないが、大人向け『シンデレラ』があれば間違いなく王子様はそうシャウトするだろう。

結果としてシンデレラは、ガラスの靴を片方だけわざと落としていったことによって、王子様に自分を捜索させる。

あとは放っておいてもシンデレラの筋書き通りに、ハッピーエンドになるというわけだ。

selected book 24 : シンデレラ

仙女がシンデレラにかけた最大の魔法は、
時間厳守させたことだった。

ビジネスの基本である「時間厳守」こそがお金持ちの秘訣

ハッピーエンドの決定打は、シンデレラの時間厳守だった。
時間厳守をして、王子様の手を振り払った時点で流れが一変した。
追う立場ではなく、追われる立場になった。
時間厳守をすると、モテるようになる。
時間厳守する人間は、常に名残惜しさを感じさせるからだ。
名残惜しさを感じさせることは、お金持ちになるための必要条件なのだ。

25
ゲーテとの対話

ドイツの文豪ゲーテに晩年の10年間寄り添った若き文学者がゲーテとの対話を記した本。日記調の書き方で、年老いたゲーテと彼を敬愛してやまない著者との親しい交流が目に浮かぶようだ。話題は文学や芸術のほか，外国や人生・生活など多方面に及び、ゲーテに関する貴重な資料であるのみならず、この作品自体が世界の文学の傑作として各国の文豪に支持されてきた。

著者　エッカーマン
訳者　山下肇
定価　(上) 940円+税 (中) 900円+税 (下) 900円+税
発売　1968年11月16日
発行　岩波書店

心配しなくていい。ゲーテとの対話は、今からあなたにもできる。

人生において、いい師匠に巡り合うことほどの幸せはない。

本書はドイツの詩人エッカーマン（1792〜1854）が、師匠ゲーテとの対話を綴った名作だ。

エッカーマンがゲーテに心酔していることが、一文一文からひしひしと伝わってくるから読んでいて実に気持ちがいい。

師弟関係はこうありたいと憧憬の念を抱く。

心配しなくても、あなたも本書を読めばゲーテと対話していることになるのだから、大いに語り合ってもらいたい。

全3巻でボリュームもあるが、一生モノの財産になるから買っておいて損はない。

さて私が読んで感銘を受けた箇所をいくつか紹介しておきたい。

「概して私は、作りあげてしまった作品には、かなり冷淡な方だった。いつまで

もそれに執着しないで、すぐに新しい作品のプランを練った。」（上巻・P１６５）

ゲーテの作品を批判する連中について、エッカーマンが聞いた。

ゲーテは自分も人間である以上、欠点はあるのだから作品に表れざるを得ないことを断った上でそう述べている。

「あなたの最高傑作は何か」と聞かれたら、「次の作品だ」と即答できれば批判など気にしている場合ではないだろう。

『『重要なことは』とゲーテはつづけた、『けっして使い尽くすことのない資本をつくることだ。』』（上巻・P１９３）

エッカーマンが、イギリスの雑誌からドイツ文学の批評を毎月書いて送ってほしいという申し出を受けたと、ゲーテに喜んで報告した時のことだ。

自分の進路からも本性の方向にも反していることをやろうとするエッカーマン

を、「無駄な時間を使うな」とゲーテは厳しく指摘して断わり状を書かせた。

有用な仕事だけに注力し、成果にならぬこと自分にふさわしくないことはすべて放棄しろと、ゲーテはエッカーマンを諭している。

「シェークスピアは、あまりにも豊かで、あまりにも強烈だ。創造をしたいと思う人は、彼の作品を年に一つだけ読むにとどめた方がいい。もし、彼のために破滅したくなければね。」（上巻・P256）

エッカーマンがシェークスピアの全作品を銅版画で描いたものを見せてもらって、すばらしさのあまり絶句していた時の教えだ。

途轍《とてつ》もない才能の塊に影響されすぎると、自分のオリジナリティを失ってしまい、その人との差に絶望して最後は創造の道を断念してしまう。

だから才能の塊とは、ある程度距離を持って付き合ったほうがいいということだ。

「『たしかに』とゲーテはいった、『この若い人には才能があるよ。けれども、なにもかも独学で覚えたというのは、ほめるべきこととはいえず、むしろ非難すべきことなのだ。』」（上巻・Ｐ２８５）

ある食事会で婦人たちがある若い画家の肖像画を称賛した。

彼女たちがさらにその画家が独学であることを続けて褒めた時の、ゲーテの教えだ。

せっかく才能があるとすれば、自由に好き放題させるのではなく、しかるべき大家についてきちんと腕を磨かなければもったいない。

見る人が見れば一瞬で見抜かれて、興ざめされてしまう。

才能だけではダメで、しかるべき人についてしかるべき訓練を受けて初めて一流になることができるということだ。

「才能があるというだけでは、十分とはいえない。利口になるには、それ以上の

心配しなくていい。
ゲーテとの対話は、今からあなたにもできる。

ものが必要なのだ。大きな社会の中に生活してみることも必要だし、当代一流の士のカルタ遊びを見たり、自分も勝負に加わってみることも必要だね。」（中巻・P77）

ゲーテがエッカーマンに自己投資を説いた時の言葉だ。

ゲーテは経験を積むことの大切さを語り、経験を積むために先立つものは金だと言い切った。

ゲーテがとばす洒落の一つひとつにも財布いっぱいの金貨がかかっており、今ゲーテが知っていることは膨大な費用がかかっていることをエッカーマンは知るのだ。

才能があっても自己投資しない人はダメ

さあ、動こう。

『20代の心構えが奇跡を生む【CD付き】』

<きこ書房>
『20代で伸びる人、沈む人』

『伸びる30代は、20代の頃より叱られる』

『仕事で悩んでいるあなたへ　経営コンサルタントから50の回答』

<技術評論社>
『顧客が倍増する魔法のハガキ術』

<KKベストセラーズ>
『20代　仕事に躓いた時に読む本』

<廣済堂出版>
『はじめて部下ができたときに読む本』

『「今」を変えるためにできること』

『「特別な人」と出逢うために』

『「不自由」からの脱出』

<実務教育出版>
『ヒツジで終わる習慣、ライオンに変わる決断』

<秀和システム>
『将来の希望ゼロでもチカラがみなぎってくる63の気づき』

<新日本保険新聞社>
『勝つ保険代理店は、ここが違う！』

<すばる舎>
『断れる20代になりなさい！』

『今から、ふたりで「5年後のキミ」について話をしよう。』

『「どうせ変われない」とあなたが思うのは、「ありのままの自分」を受け容れたくないからだ』

<星海社>
『「やめること」からはじめなさい』

『「あたりまえ」からはじめなさい』

『「デキるふり」からはじめなさい』

<青春出版社>
『リーダーになる前に20代でインストールしておきたい大切な70のこと』

<アイバス出版>
『一生トップで駆け抜けつづけるために20代で身につけたい勉強の技法』

『一生イノベーションを起こしつづけるビジネスパーソンになるために20代で身につけたい読書の技法』

『1日に10冊の本を読み3日で1冊の本を書くボクのインプット&アウトプット法』

<あさ出版>
『この悲惨な世の中でくじけないために20代で大切にしたい80のこと』

『30代で逆転する人、失速する人』

『君にはもうそんなことをしている時間は残されていない』

『あの人と一緒にいられる時間はもうそんなに長くない』

『印税で1億円稼ぐ』

<朝日新聞出版>
『仕事の答えは、すべて「童話」が教えてくれる。』

<海竜社>
『本音でシンプルに生きる!』

『誰よりもたくさん挑み、誰よりもたくさん負けろ！』

<学研パブリッシング>
『たった2分で凹みから立ち直る本』

『たった2分で、決断できる。』

『たった2分で、やる気を上げる本。』

『たった2分で、道は開ける。』

『たった2分で、自分を変える本。』

『たった2分で、自分を磨く。』

『たった2分で、夢を叶える本。』

『たった2分で、怒りを乗り越える本。』

<かんき出版>
『死ぬまで仕事に困らないために20代で出逢っておきたい100の言葉』
『人生を最高に楽しむために20代で使ってはいけない100の言葉』
DVD『20代につけておかなければいけない力』
『20代で群れから抜け出すために顰蹙を買っても口にしておきたい100の言葉』

<日本実業出版社>
『「あなたから保険に入りたい」とお客様が殺到する保険代理店』
『社長！この「直言」が聴けますか?』
『こんなコンサルタントが会社をダメにする！』
『20代の勉強力で人生の伸びしろは決まる』
『人生で大切なことは、すべて「書店」で買える。』
『ギリギリまで動けない君の背中を押す言葉』
『あなたが落ちぶれたとき手を差しのべてくれる人は、友人ではない。』

<日本文芸社>
『何となく20代を過ごしてしまった人が30代で変わるための100の言葉』

<ぱる出版>
『学校で教わらなかった[20代の辞書]』
『教科書に載っていなかった[20代の哲学]』
『30代から輝きたい人が、20代で身につけておきたい「大人の流儀」』
『不器用でも愛される「自分ブランド」を磨く50の言葉』
『人生って、それに早く気づいた者勝ちなんだ！』

<PHP研究所>
『「その他大勢のダメ社員」にならないために20代で知っておきたい100の言葉』
『もう一度会いたくなる人の仕事術』
『その人脈づくりをやめなさい』
『好きなことだけして生きていけ』

<マネジメント社>
『継続的に売れるセールスパーソンの行動特性88』
『存続社長と潰す社長』
『尊敬される保険代理店』

<三笠書房>
『「大学時代」自分のために絶対やっておきたいこと』
『人は、恋愛でこそ磨かれる』

おきたい大切な70のこと』

<総合法令出版>
『20代のうちに知っておきたい お金のルール38』

<ソフトバンク クリエイティブ>
『人生でいちばん差がつく20代に気づいておきたいたった1つのこと』
『本物の自信を手に入れるシンプルな生き方を教えよう。』

<ダイヤモンド社>
『出世の教科書』

<大和書房>
『稼げる30代になるために絶対に染まってはいけない70の習慣』
『「我慢」と「成功」の法則』
『20代のうちに会っておくべき35人のひと』

<宝島社>
『死ぬまで悔いのない生き方をする45の言葉』
【共著】『20代でやっておきたい50の習慣』
『結局、仕事は気くばり』
『仕事がつらい時 元気になれる100の言葉』
『本を読んだ人だけがどんな時代も生き抜くことができる』
『本を読んだ人だけがどんな時代も稼ぐことができる』

<ディスカヴァー・トゥエンティワン>
『転職1年目の仕事術』

<徳間書店>
『一度、手に入れたら一生モノの幸運をつかむ50の習慣』
『想いがかなう、話し方』

<永岡書店>
『就活で君を光らせる84の言葉』

<ナナ・コーポレート・コミュニケーション>
『15歳からはじめる成功哲学』

千田琢哉（せんだ・たくや）

文筆家。

愛知県犬山市生まれ、岐阜県各務原市育ち。

東北大学教育学部教育学科卒。日系損害保険会社本部、大手経営コンサルティング会社勤務を経て独立。コンサルティング会社では多くの業種・業界における大型プロジェクトのリーダーとして戦略策定からその実行支援に至るまで陣頭指揮を執る。のべ3,300人のエグゼクティブと10,000人を超えるビジネスパーソンたちとの対話によって得た事実とそこで培った知恵を活かし、“タブーへの挑戦で、次代を創る”を自らのミッションとして執筆活動を行っている。著書は本書で81冊目。

E-mail：info@senda-takuya.com
ホームページ：http://www.senda-takuya.com/

本を読んだ人だけがどんな時代も稼ぐことができる
（ほんをよんだひとだけがどんなじだいもかせぐことができる）

2013年12月26日　第1刷発行

著　者　　千田琢哉
発行人　　蓮見清一
発行所　　株式会社 宝島社
〒102-8388 東京都千代田区一番町25番地
電話　営業　03（3234）4621
　　　編集　03（3239）0069
http://tkj.jp
振替　00170-1-170829　㈱宝島社
印刷・製本　文唱堂印刷株式会社

本書の無断転載・複製を禁じます。

乱丁・落丁本はお取り替えいたします。

©Takuya Senda 2013 Printed in Japan

ISBN978-4-8002-1931-2